全国新闻出版系统职业技术学校统编教材

印刷企业管理

全国新闻出版系统职业技术学校统编教材审定委员会 组织编写

主　编　郝景江
参　编　黄　炜　罗资刚
　　　　王　贞　刘　敏
主　审　李　子

内容提要

本书是全国新闻出版系统职业技术学校统编教材中的一本。

全书共七章，第一章为企业管理基本原理与知识概述，第二、三、四、五、六章则分别以经营管理、生产管理、质量管理、物力资源管理、综合资源管理五个专项，详细地介绍了印刷企业管理理论与实践，第七章以案例分析形式介绍了印刷企业管理实务。本书为突出职业教育特色，充分考虑培养技能型人才的知识与技能定位、学习者学习与接受能力，力求在对印刷企业管理有一个全面概括性介绍的同时，将管理层面下沉，面对基层、面向一线，强调以被管理者为主视角，使教材在内容选编、难易程度、联系实践等方面都尽量符合中/高职、技校学生的培养目标要求。

本书适合作为印刷、包装专业职业院校学生的专业教材，也可以作为印刷、包装企业工作者的参考书，还可以用做相关企业在职人员的培训教材。

图书在版编目（CIP）数据

印刷企业管理／郝景江等主编.--北京：文化发展出版社，2010.7（2019.8重印）
全国新闻出版系统职业技术学校统编教材
ISBN 978-7-80000-914-3

Ⅰ.印… Ⅱ.郝… Ⅲ.印刷工业－工业企业管理－专业学校－教材　Ⅳ.F416.84

中国版本图书馆CIP数据核字（2010）第104444号

印刷企业管理

主　　编：郝景江
参　　编：黄　伟　罗资刚　王　贞　刘　敏
主　　审：李　予

责任编辑：李　毅　　　　　　　　责任校对：郭　平
责任印制：邓辉明　　　　　　　　责任设计：侯　铮
出版发行：文化发展出版社（北京市翠微路2号 邮编：100036）
网　　址：www.wenhuafazhan.com　www.printhome.com　www.keyin.cn
经　　销：各地新华书店
印　　刷：北京建宏印刷有限公司

开　　本：787mm×1092mm　　1/16
字　　数：157千字
印　　张：8.25
印　　数：6001～6500
印　　次：2019年8月第1版第5次印刷
定　　价：35.00元
ISBN：978-7-80000-914-3

◆ 如发现印装质量问题请与我社发行部联系　发行部电话：010-88275710

全国新闻出版系统职业技术学校统编教材审定委员会

委 员 名 单

主　任：孙文科

副主任：徐胜帝　严　格　吴　鹏　刘积英

委　员：王国庆　杨速章　刘宁俊　庞东升

　　　　尚曙升　杨保育　李　予

全国新闻出版系统职业技术学校统编教材

第一批

拼晒版与打样实训教程	陈世军	主编
印刷实训指导手册	周玉松	主编
印前工艺	郝景江	主编
印后加工	徐建军	主编
柔性版印刷工艺	严 格	主编
印刷机械基础	王 芳	主编
印刷机械电气控制	王 乔	主编

第二批

印刷概论	李 予	主编
印刷材料	唐裕标	主编
平版印刷工艺	谭旭红	主编
印刷品质量检测与控制	陈世军	主编
印刷机结构与调节	袁顺发	主编
电脑排版工艺（上、下册）	刘春青	主编
包装概论	岳 蕾	主编
包装印刷工艺	段 纯	主编

第三批

印刷色彩	白研华	主编
印刷工价计算	王国庆	主编
印刷企业管理	郝景江	主编
数字印刷	严 格	主编
书籍装帧实用教程	庄前矛	主编
印刷市场营销	徐建军	主编
现代校对实务与技能	谈大勇	主编
出版物营销实务	翟 星	主编

出版说明

新闻出版总署发布的印刷业"十一五"发展指导实施意见提出,要在 2010 年把我国建设成为全球主要的印刷基地之一,"十一五"末期我国印刷业总产值达到 4400 亿元。迅猛发展的产业形势对印刷人才的培养和教育二作提出了更高的要求。新闻出版系统中等职业技术学校作为专业人才培养的重要组成部分必须因循产业发展的需求做出相应的变革和创新。其中,教材作为必不可少的教学工具也必须紧跟产业形势,体现产业技术和管理发展的最新成果。

总署一直十分重视和支持系统内中等职业技术学校教材建设工作,于 1995 年专门成立了印刷类专业教材编审委员会,组织有关学校的教师和行业专家规划、编写了电脑排版、平版制版和平版印刷 3 个专业的 9 本专业课统编教材。这批教材突出技工学校印刷类专业教育、教学的特点,陆续出版之后一举扭转了相关专业教材陈旧落后的局面,对近十几年技能型印刷专业人才的培养做出了很大贡献。但近年来,随着印刷专业技术的飞速发展和职业教育改革的不断深化,无论在体系、内容还是形式上都显露出一些问题,有的还比较突出,亟需根据新的形势进行必要的调整和革新。

2006 年,汇集了国内相关院校教学骨干的全国新闻出版系统职业技术学校教材审定委员会经新闻出版总署批准成立。委员会的首要任务就是根据新的产业形势,做好系统内院校印刷及相关专业统编教材的更新换代工作。委员会成立后,先后多次召开专题工作会议,明确了新版教材的编写指导思想,并分两批陆续出版了《拼晒版与打样实训教程》《印刷实训指导手册》《印前工艺》《印后加工》《柔性版印刷工艺》《印刷机械基础》《印刷机械电气控制》以及《印刷概论》《印刷材料》《平版印刷工艺》《印刷机结构与调节》《印刷品质量检测与控制》《电脑排版工艺》(上、下册)《包装概论》《包装印刷工艺》15 本统编教材。

前两批教材出版后,得到各中职院校的广泛采用及热烈评价,各学校普遍反映新教材的编写适应了当前对中职院校注重实践操作与理论教学相结合的教学目的,体现了"项目驱动""案例教学"。两批教材的出版标志着新版统编教材的编写工作取得了一定的进展。

2008 年底以来,委员会根据各院校的专业建设和教学工作的实际需要,连续多次召开了第三批教材编写会议,确定提纲,落实主编及参编作者。经委员会议定,第三批教材包括:《印刷色彩》《印刷工价计算》《书籍装帧实用教程》《印刷企业管理》《数字印刷》《印刷市场营销》《出版物营销实务》《现代校对实务与技能》8本教材。第三批教材在编写风格上延续了前两批教材的鲜明特点及编写方式,具有鲜明的实践性、前瞻性特点,能更好地满足相关院校的教学需要。比如,《印刷工价计算》内容适合时代的要求,让学生尽可能掌握印刷业务员的基本技能和技巧以及最新的各类印刷品的计价方法,使学生毕业后能快速适应相应岗位需求;《印刷色彩》突破传统理论教学的观点,用形象、生动的彩色案例介绍色彩的知识及相关应用;《书籍装帧实用教程》突出实践教学,每个实训都有详细的步骤,具备课堂的可操作性和社会的实用性。

从整体上看,这三批共 23 本教材紧密结合职业院校的教学需求,较好贯彻了委员会的教材编写指导思想,在选题和编写模式上都有了很大突破。新版统编教材主要突出以下显著特点:

1. 面向职业需求,突出实践导向。面向实践,针对企业需求制定有针对性的课程内容,争取使培养出来的学生能较快融入到生产实践中。

2. 关注持续成长,注意延伸学习。在突出实践导向的同时,注意各知识点的延伸性,培养学生的持续学习能力,举一反三,以适应企业的不同需要。

3. 强调任务驱动,理论适度够用。引入职业教育流行的任务驱动理念,明确每一教学单元的培养目标和知识点、技能点,知识教学和技能训练交叉进行。

4. 重视双证融通,接轨技能标准。注重教材内容与职业技能鉴定标准的衔接,以体现职业教育双证融通的特点。

5. 丰富教材体系,适应教改要求。突破纯技术教学倾向,在技术性课程之外,增加营业、计价和营销等业务员相关知识,扩展学生就业面。

第三批中职教材的出版,标志着新版统编教材的编写工作已经在稳步前进中取得了一定的进展。希望审定委员会和有关院校在总结已有经验的基础上继续做好后续教材的组织、编写工作。同时,由于教材编写是一项复杂的系统工程,难度很大,也希望有关院校的师生及行业专家不吝赐教,将发现的问题及时反馈给我们,以利于我们改进工作,真正编出一套能代表当今产业发展需求,体现职业教学特点的高水平教材。

全国新闻出版系统职业技术学校
统编教材审定委员会
2009 年 7 月

前　言

《印刷企业管理》一书，是在国家新闻出版总署人教司指导下，由全国新闻出版系统职业技术院校统编教材审定委员会和印刷工业出版社共同组织全国新闻出版系统职业技术院校专业骨干教师编写而成的。

《印刷企业管理》作为印刷专业课程，主要安排在毕业实习前一个学期，是印刷、包装专业学生的专业必选课。开设这门课程的主要目的是在学生专业学习末期，具备较好专业学习基础时，充实一些"够用、适用、实用"的企业管理知识，提升学生职业综合能力，以更好应对马上开始的顶岗实习生活。此外，本教材也可作为印刷企业管理培训或上岗培训使用。

本书为突出职业教育特色，充分考虑培养技能型人才的知识与技能定位、学习者学习与接受能力，力求在对印刷企业管理有一个全面概括性介绍的同时，将管理层面下沉，面对基层、面向一线，强调以被管理者为主视角，使教材在内容选编、难易程度、联系实际等方面都尽量符合中/高职、技校学生的培养目标要求。

全书共七章，第一章为企业管理基本原理与知识概述，第二、三、四、五、六章则分别以经营管理、生产管理、质量管理、物力资源管理、综合资源管理五个专项，详细介绍印刷企业管理理论与实践，第七章以案例分析形式介绍印刷企业管理实务。

本书由江西新闻出版职业技术学院郝景江主编与统稿，江西新闻出版职业技术学院黄炜、刘敏，安徽新闻出版职业技术学院罗资刚，湖北青年职业学院王贞参加编写。本书由河南省新闻出版学校副校长李予主审。

本书在编写过程中借鉴了许多印刷管理专家学者的宝贵经验，得到了全国新闻出版系统各职业技术院校，特别是江西新闻出版职业技术学院、河南省新闻出版学校、安徽新闻出版职业技术学院的大力支持，在此向所有帮助与支持我们的院校深表感谢。

本书由于编写经验不足而有误之处，敬请谅解，也希望广大读者不吝赐教，以便我们再版时修订。

编　者
2010 年 5 月

目 录

第一章 印刷企业管理概述 ··· 1
第一节 企业概述 ··· 1
一、认识企业 ··· 1
二、印刷企业的定义 ··· 2
三、印刷企业的类型 ··· 2
【训练】 ··· 6
第二节 管理概述 ··· 6
一、管理的概念及其特征 ··· 6
二、企业管理的概念与职能 ··· 7
三、企业管理方法 ··· 8
四、印刷企业管理 ·· 10
【训练】 ·· 10
第三节 印刷企业组织结构 ·· 11
一、组织的含义 ·· 11
二、企业组织结构类型 ·· 11
三、印刷企业组织结构 ·· 13
【训练】 ·· 14
第四节 印刷企业制度 ·· 15
一、企业制度的概念 ·· 15
二、现代企业制度 ·· 15
三、现代企业制度的内容 ·· 16
四、印刷企业管理制度 ·· 17
【训练】 ·· 20

第二章 印刷企业经营管理 ·· 21
第一节 印刷市场类型 ·· 21

一、印刷市场类型 ··· 21
　　二、印刷市场的特征 ·· 22
　　【训练】 ·· 25
　第二节　印刷企业经营管理 ·· 25
　　一、印刷客户类型 ··· 25
　　二、印刷客户管理 ··· 25
　　三、印刷业务承接要求 ·· 26
　　四、印刷业务订单 ··· 26
　　五、印刷品报价 ·· 27
　　六、客户校稿与交货手续 ·· 27
　　【训练】 ·· 29

第三章　印刷企业生产管理 ·· 30
　第一节　印刷企业生产管理概述 ··· 30
　　一、生产的概念 ·· 30
　　二、印刷企业生产类型 ·· 31
　　三、生产管理基础知识 ·· 31
　　四、印刷生产计划与调度的特点及目标 ·································· 32
　　【训练】 ·· 33
　第二节　印刷生产运作管理 ·· 33
　　一、印刷生产基本工作流程 ··· 34
　　二、印刷车间生产部工作流程 ·· 34
　　三、生产传票的制作 ··· 34
　　四、印刷生产调度 ··· 35
　　五、简单的印刷生产运作管理 ·· 36
　　六、复杂的印刷生产运作管理 ·· 37
　　【训练】 ·· 40
　第三节　印刷生产现场管理 ·· 40
　　一、生产现场管理概述 ·· 41
　　二、印刷企业的目视管理 ·· 41
　　三、印刷企业的定置管理 ·· 41
　　四、印刷企业的现场管理措施 ·· 43
　　五、印刷企业的5S管理 ··· 43

【训练】··· 44

第四章　印刷企业质量管理 ·· 45

第一节　印刷企业质量管理概述 ·· 45
　　一、印刷品质量 ··· 45
　　二、质量管理过程 ··· 46
　　三、全面质量管理 ··· 47
　　四、ISO 9000 族标准 ·· 47
　　【训练】··· 49

第二节　印刷企业质量管理工作 ·· 49
　　一、印刷企业质量体系 ··· 49
　　二、印刷企业质量管理组织 ······································· 50
　　三、印刷企业质量审核 ··· 50
　　四、印刷企业质量管理制度建设 ··································· 52
　　【训练】··· 53

第三节　印刷质量控制 ·· 53
　　一、印刷品质量控制要素 ··· 53
　　二、印刷品质量标准 ··· 53
　　三、印刷质量检测仪器 ··· 54
　　四、印刷品质量控制方法 ··· 55
　　五、印刷质量管理工具 ··· 55
　　【训练】··· 57

第五章　印刷企业物力资源管理 ·· 58

第一节　印刷企业物流管理概述 ·· 58
　　一、印刷企业物流 ··· 59
　　二、印刷企业物流的构成 ··· 59
　　【训练】··· 60

第二节　印刷企业供应物流管理 ·· 60
　　一、供应物流构成 ··· 60
　　二、印刷企业需要的主要设备与材料 ······························· 60
　　三、印刷企业采购 ··· 61
　　四、印刷企业库存控制 ··· 62

五、印刷企业仓库管理 ································· 63
　　【训练】 ································· 64
第三节　印刷企业生产物流管理 ································· 64
　　一、印刷生产物流的主要影响因素 ································· 65
　　二、印刷企业生产物流的任务 ································· 65
　　三、印刷企业生产物流控制 ································· 65
　　【训练】 ································· 66
第四节　印刷企业销售物流管理 ································· 66
　　一、包装 ································· 66
　　二、成品储存 ································· 66
　　三、销售渠道 ································· 66
　　四、产成品的发送 ································· 67
　　【训练】 ································· 69
第五节　印刷企业设备管理 ································· 69
　　一、印刷机台管理 ································· 69
　　二、印刷设备合理使用 ································· 71
　　三、印刷设备维修 ································· 72
　　【训练】 ································· 75
第六节　印刷企业技术管理 ································· 75
　　一、印刷企业技术选择 ································· 75
　　二、印刷企业工艺管理 ································· 76
　　三、印刷技术档案 ································· 76
　　【训练】 ································· 76

第六章　印刷企业综合资源管理 ································· 77
第一节　印刷企业人力资源管理 ································· 77
　　一、人力资源管理基础知识 ································· 78
　　二、印刷企业定员管理 ································· 79
　　三、印刷岗位工作分析 ································· 79
　　四、印刷企业人员选聘 ································· 81
　　五、印刷企业绩效考核 ································· 82
　　六、印刷企业人员激励 ································· 84
　　七、印刷企业文化 ································· 85

【训练】 ··· 88
第二节　印刷企业成本管理（财务资源管理） ································ 88
　　一、印刷企业财务资源管理概述 ··· 88
　　二、印刷企业成本管理 ··· 89
　　【训练】 ··· 90
第三节　印刷企业信息资源管理 ··· 90
　　一、管理信息系统的作用 ··· 90
　　二、通用印刷企业管理信息系统的模块与功能 ······················· 91
　　【训练】 ··· 97

第七章　印刷企业管理实务 ·· 98

第一节　中国印刷企业发展现状 ··· 98
　　一、中国印刷行业的基本情况 ··· 98
　　二、当前中国印刷企业发展瓶颈与出路 ······························· 99
　　【训练】 ·· 106
第二节　印刷企业管理实务案例 ·· 106
　　【训练】 ·· 111
　　【训练】 ·· 116

参考文献 ·· 117

第一章 印刷企业管理概述

【应知要点】
1. 了解企业的概念和基本特征。
2. 了解印刷企业的主要类型。
3. 掌握企业管理的含义、性质、职能和内容。
4. 掌握企业组织的含义及特点。
5. 掌握企业组织类型。

【应会要点】
1. 能区分企业与非企业组织。
2. 能清楚公司制企业的特征。
3. 清楚各种组织结构类型的特点,熟悉常见的企业组织结构。

第一节 企业概述

【任务】认识生活中接触到的不同单位的性质,了解哪些属于企业。

【分析】通过举例说明什么是企业,比如本省新华印刷厂、新闻出版局、印刷类职业院校、配有打印速印机的办公室或打字复印店,分别说明它们都是什么性质单位,哪些属于印刷企业,再结合理论知识介绍,以此来加深对企业性质的理解。

《印刷企业管理》作为一门管理课程,其学习与讨论的对象是印刷企业,是以印刷企业经营与生产所进行的各项企业管理活动为学习内容。因此,我们首先要学习企业的概念与属性,理解企业管理的基础知识,掌握企业管理的基本原理。

一、认识企业

简单地说,企业是一种社会基本经济单位的组织形式。但它的形成与我们这个历史时代具体条件有直接的联系。比如:在原始社会基本经济单位是氏族部落,到了奴隶社会演变为奴隶主庄园,而封建社会就出现了家族和手工作坊等形式,出现商品经济后就诞生了企业这种现代形式。

通常认为企业的概念主要包括以下四个方面的含义：

（1）企业是经济实体。企业不同于政府部门、事业单位，它必须追求经济效益，获取赢利。同学们在选择实习单位时，可能去的是某印刷公司、印刷复制管理部门或者留校实习，但只有前者是企业，后者分别是政府机关与事业单位。

（2）企业必须自主经营和自负盈亏。企业在市场竞争中既能独立自主地使用和支配自身所拥有的人力、财力、物力，也要独立承担相应的经济结果。

（3）企业必须承担社会责任。常言道"顾客就是上帝"，但企业不能仅仅只考虑满足客户的需要，还要满足包括投资者、银行、职工、供货者、交易对象、政府、地区以及一切与之相关的社会团体的需要，也要依法承担防止环境污染、维护生态平衡、节约资源等社会责任。

（4）企业必须具有法人资格。企业是依法成立、具有民事权利能力和民事行为能力、独立享有民事权利并承担民事义务的组织，拥有自己能够独立支配和管理的财产，有专门的组织名称、固定的经营场所和一定的从业人员，有一定的组织机构和组织章程等。所以，企业是一个法人实体，也是市场竞争主体。

综上所述，我们可以用若干关键词来表达对企业的理解。

目的：赢利。

目标：满足市场需求。

活动：依法从事商品生产、流通和服务等经济活动。

特征：自主经营、自负盈亏、自我约束、自我发展。

形式：法人实体和市场竞争主体。

二、印刷企业的定义

印刷企业是企业的一种，具备企业的各种基本属性。《印刷业管理条例》（中华人民共和国国务院令，第315号）规定："出版物，包括报纸、期刊、书籍、地图、年画、图片、挂历、画册及音像制品、电子出版物的装帧封面等；包装装潢印刷品，包括商标标志、广告宣传品及作为产品包装装潢的纸、金属、塑料等的印刷品；其他印刷品，包括文件、资料、图表、票证、证件、名片等；印刷经营活动，包括经营性的排版、制版、印刷、装订、复印、影印、打印等活动。"根据这一规定，我们可以理解为凡从事出版物、包装装潢印刷品、其他印刷品的生产及相关印刷经营活动的企业都属于广义上的印刷企业。

三、印刷企业的类型

随着时代的发展，现代经济生活变得十分繁杂，企业形式也日趋多样化。企业可以按照不同的标准划分为不同的企业类型，如表1-1所示。

从表1-1中不难看出，其实企业是有比较严谨的划分类型的方式的，我国的印刷企业也存在多种类型。下面就这几种常见的印刷企业类型作简要介绍。

表1-1 企业类型举例

分类标准	企业类型
生产经营业务性质	①工业企业；②农业企业；③商业企业；④金融企业；⑤交通企业；⑥建筑安装企业；⑦邮电通信企业；⑧房地产企业
资产所有制性质	①国有企业；②集体所有制企业；③私营企业；④混合所有制企业
资本构成	①个体（个人业主制）企业；②合伙制企业；③公司制企业
生产力各要素所占比重	①劳动密集型企业；②技术密集型企业；③知识密集型企业
企业规模	①大型企业；②中型企业；③小型企业
组织结构	①单厂企业；②多厂企业；③企业集团
技术性质	①传统技术企业；②高新技术企业

（一）按资本构成分类

1. 个体企业

个体企业也称个人业主制企业或个人独资企业。顾名思义，它是由个人出资创办，完全归出资者个人所有和管理的企业。显然，大家在街道常见的打字复印店等即属于这类企业。这类企业规模很小，企业主对企业有绝对的影响作用，他既享有企业的全部利润，同时独自承担企业风险。如果经营不善，资不抵债，破产倒闭，企业主还要用自己的家产抵偿。因此，这种企业在法律上称为自然人企业，不具备法人资格。

个体企业的特征是：规模小，机构简单，产权关系清楚，经营方式灵活，决策迅速，对市场变化适应性较强；但财力有限，偿债能力不强，不易取得贷款。由于企业规模小，承受市场冲击的能力较弱，企业的经营完全依赖于企业主个人的素质。

2. 合伙制企业

合伙制企业是由两个或两个以上的个人共同出资和经营的企业。企业财产归合伙人共有，且共同分享企业经营所得，共同对企业经营亏损承担连带无限清偿责任。连带无限责任包括两方面：一是无限责任，即股东必须将公司全部债务如数清偿完毕，当企业资不抵债时，每个合伙人需要以自己的全部家庭财产负责清偿企业债务；二是连带责任，即每一个合伙人对企业的债务都负有全部清偿的责任。合伙企业可以由部分合伙人经营，其他合伙人仅出资并共负盈亏，也可以由所有合伙人共同经营。小型印刷厂、出片或制版公司等即属于这类企业，一般规模较小。

同个体企业相比，合伙制企业的特征是：扩大了资金来源和筹资能力，同时合伙人对企业盈亏负有全部责任，因而有助于提高企业的信誉。由于业主人数增多，提高了企业的决策能力和经营管理水平，增加了企业扩大和发展的可能性。合伙制企业的不足主要是：由于多个合伙人共同经营，容易降低决策效率，延误时机；由于所有合伙人对于企业债务都负有连带无限清偿责任，故风险较大；企业的资产规模仍有很大的局限性，企业产权流动也比较困难。

3. 公司制企业

依据《中华人民共和国公司法》有关规定：公司是指依照本法在中国境内设立的有限责任公司和股份有限公司。公司是企业法人，有独立的法人财产，享有法人财产权。公司以其全部财产对公司的债务承担责任。有限责任公司的股东以其认缴的出资额为限对公司承担责任；股份有限公司的股东以其认购的股份为限对公司承担责任。

首先，公司制要求由两个以上出资者共同投资，这些投资者又被称为股东。其次，公司必须按照一定法律程序组建，比如上面所提到的《中华人民共和国公司法》。再次，一旦公司成立后，获得法人资格——公司制企业在法律上具有独立的人格，是一个法定的独立利益主体，能够独立承担法律责任，而个体企业、合伙企业都属于自然人企业，不具备法人资格。

此外，公司实行有限责任制。在个体企业和合伙企业中出资者要对企业承担无限经济责任，而现代公司（有限责任公司和股份有限公司）的股东只在其缴纳的股金范围内对企业的债务负责。所以，即使公司破产，债权人无权要求股东以其股金以外的财产来抵偿公司债务，这也就大大降低了投资风险。

最后，公司的所有权与经营权分离。公司制企业拥有独立的法人财产权，出资者资产一旦投入企业，就成为法人资产，企业对其具有占有权、使用权、处置权和收益权，而出资者则无权直接处置企业资产，只能通过股息和分红获得投资回报，或者通过在市场上转让自己拥有的公司股份来收回投资和取得资本增值收益。

公司制企业主要有无限责任公司、有限责任公司、两合公司、股份有限公司、股份两合公司五种基本类型。同学们经常接触到的印刷企业主要是有限责任公司和股份有限公司两种形式。表1-2为有限责任公司与股份有限公司两种公司形式的特征对比表。

表1-2 有限责任公司与股份有限公司特征对比表

项目	有限责任公司	股份有限公司
共同点	（1）股东都对公司承担有限责任，即以股东对公司的投资额为限 （2）股东个人财产与公司财产分离，股东将财产投资公司后，就不再直接控制和支配这部分财产 （3）公司对外只承担有限责任，即公司的全部资产为责任范围	
成立条件	宽松	严格
募集资金	由发起人集资，不能向社会公开募集资金	可以向社会公开募集资金
股东数	有最高和最低的要求	只有最低要求，没有最高要求
股份转让	股资转让，受限制较多较困难	股份转让比较自由
股权证明	出资证明书，不能转让、流通	股票，可以转让、流通
股东权限	股东会的权限较大，董事经常是由股东自己兼任的	股东会的权限有所限制，董事会的权限较大
财务公开	会计报表可以不经过注册会计师的审计，也可以不公告，只要按照规定期限送交各股东	会计报表必须要经过注册会计师的审计并出具报告，还要存档以便股东查阅，有些还必须要公告其会计报告

通过表1-2的介绍，不难发现有限责任公司一般适宜于中小企业，一般中型规模印刷厂都注册为有限责任公司。而股份有限公司最适合于大中型企业，许多大型国有和民营印刷企业都采用这种组织形式。

（二）按企业规模或组织结构分类

1. 小型企业

小型企业简称小企业，通常指规模较小的企业，我国大量乡镇企业、个体企业都属于小企业。在经济发达区域，小企业已不仅指规模小的企业，也包括一系列分散经营、小规模、低成本、高效率、高技术和专门化的微型企业。小企业一般经营某一狭小领域，并精通这一领域，实行专门化生产经营，从而成为与大企业分工协作的最佳伙伴。小企业不需要高额投资，生产经营方式灵活多样。例如，县级以下印刷厂、个体印刷企业以及为大企业服务的激光照排部、装订厂、电脑创意设计部等都属于小型印刷企业。

2. 中型企业

中型企业，按照工业企业标准专指：企业职工人数300人至2000人，或销售额3000万元至30000万元，或资产总额为4000万元至40000万元。目前国内大多数民营或国有印刷企业都属于中型企业。中型企业的优势与机遇明显，但竞争与风险并存。同大企业相比，中型企业的优势在于经营决策快，成本及综合风险相对较低，同时对市场反应敏锐，行为灵活，反应速度较快。并且，中型企业中由于经营比较单一，内部命令一元化，执行力强，能快速协调企业内部的所有资源，使之效率、效益最大化。但是，同大企业相比，中型企业在技术、资金、人力资源、信息获取等方面的能力较弱。

3. 企业集团

企业集团是一种在经济联合基础上形成的企业群体组织。它以具有雄厚技术、经济实力的集团公司为核心，由若干相对独立的企业法人组成，并以资产为纽带结成一体，是一种有层次的企业联合组织。企业集团本身不是法人，但其成员企业都是企业法人。企业集团一般由核心层、紧密层、半紧密层和松散层四个层次组成。核心层级集团公司，一般是实力很强（具有投资能力）的大型企业和国家控股公司；紧密层也称控股层，由核心层企业控股或长期承包、租赁的企业组成；半紧密层也称参股层，由核心层企业参股（但未控股）和紧密层企业控股的企业组成；松散层也称协议层，主要是由与企业集团成员有一定联系的企业组成，如与核心层企业有稳定的经营业务关系，或是紧密层、半紧密层企业的参股企业。

【案例】中国印刷集团公司简介

中国印刷集团公司于2003年2月成立，是经国务院批准组建，由国资委管理的中央国有大型企业，是在新闻出版总署所属的原中国印刷总公司、中国印刷物资总公司和中国印刷科学技术研究所等单位的基础上组建，自主经营的法人实体。主要成员单位包括12个全资企业和8个控股及参股企业。

中国印刷集团公司主要从事出版物、包装装潢印刷品及其他印刷品的生产经营，印刷及相关专业的图书、期刊、音像、电子、网络出版物的出版发行，纸张、纸浆、印刷复制设备、印刷器材、装帧材料的生产经营，国内外印刷复制、器材、出版物、艺术品等展销，代理或协助外商在国内外举办上述范围的展销，印刷、复制、媒体行业的新技术、新工艺、新设备、新材料及相关领域的技术培训、咨询、交流、服务，印刷质量检测标准化等行业服务，广告的代理、设计、制作，各类艺术品、文化用品的经营和字画复制装裱，印刷品、印刷复制设备、印刷器材、纸张及相关领域的进出口经营，国内外投融资等业务。

中国印刷集团公司的目标是实现印刷生产、科研、物流一体化，建成以印刷高科技为先导，科工贸一体，内外贸结合，跨媒体、跨地区、跨行业的现代化大型印刷集团，成为中国印刷的龙头企业。

【训练】

1. 结合案例介绍与正文内容,说明中国印刷集团公司具备什么样的企业特征。
2. 利用网络查询本省区域有哪些知名印刷企业,分属于什么企业类型,其实力如何。
3. 试说明本校内的小超市是属于个体企业还是合伙制企业,并解释判断依据是什么,以及该超市的经营特征。

第二节 管理概述

【任务】 了解管理基本理论,认识企业管理的内容与方法。

【分析】 针对学生学习阶段,熟悉班级管理与学校管理活动,举例说明班级管理的目的、对象与职能都有哪些,再介绍企业管理的方法与内容。

管理作为一门科学,伴随人类文明与社会的发展而不断发展,尤其是在当代,管理的作用与价值更加突显。企业管理作为管理的一个分支,是以管理学为理论基础而发展形成的。

一、管理的概念及其特征

1. 管理的含义

管理是人类一项最基本的社会活动,其含义极为广泛,通俗的说法有"管理就是管事理人";"管理就是让别人按自己的意愿去把事情办好"等。就一般意义而论,管理是人们为了实现既定目标而有效利用资源的过程。因而管理的内容十分广泛,比如同学们如何有效利用时间就是管理,如何合理安排自己在校期间的生活与学习支出也是管理。

但我们讨论的管理是针对社会组织而言的。每个社会组织都有自己的目标,而要达到目标就必须通过计划、组织、领导、激励、控制等一系列手段去统一组织成员的意志,协调他们的行为,将组织内各种资源合理地配备起来。这一系列的活动过程就是管理。其实,同学们在学习过程中,形成的班级就是一种有形的组织,而这个班级在学校、教师与学生干部、全体学生的共同参与下,以学生的学习与成长为目标,所开展的一系列学习与培养活动,这就是管理的过程。只不过这种过程中,不同的人担任着不同的管理角色,学校负责制订培养计划并进行具体领导,班主任与教师负责组织、控制与激励学生的学习与培养。

由此,我们可以得到对管理的一种具体理解:管理是指组织中的管理者通过计划、组织、领导、激励和控制等环节来有效地获得和利用各种资源以期达到组织目标的过程。

2. 管理的特征

首先,管理是一种社会现象和文化现象。管理的行为总是作为一种集体活动的形式存在，实质上就是一种社会现象；同时由于这种集体活动是有着确定的社会目标，以此来影响人们的行为，起到类似于社会行为规范的作用，所以又是一种文化现象。同学们会发现在学习管理过程中，很多接触到的概念如绩效、资源、标准等，都要牵扯到人类社会与文化的方方面面。

其次，管理是借力活动。管理的实质就是通过协调个体的活动来实现组织的目标。作为管理者，他并不要求去做跟被管理者一样的工作，而是去指导、协调他人的活动，激发他人的能力，以便达到组织共同的目标。比如，作为一名胶印车间主任不要求他在胶印机操作经验上超过胶印机长，却要求他要善于指挥整个车间的生产，能提高生产效率。

再次，管理还是一门科学。许多并不了解现代管理的人们总是将管理等同于经验，认为只要具备了经验就能做好管理了，好像丰富的工作经验就是管理的全部了。其实，现代管理是建立在哲学、经济学、社会心理学、生产技术学、数学、系统科学等学科基础上的一门综合性的科学，是一门严谨的科学。因为它有着一套行之有效的、严格的科学管理程序，形成了自身完整的科学体系；管理科学强调的是其原则性，强调向管理者提供在管理活动中必须遵循的概念、理论、原则和方法等。

最后，管理也是一门艺术。管理的许多内容不能用逻辑思维的一般形式表达出来，更不能用定量的数学模型来表示，只能以形象思维的形式来实现。管理在应用时具有较大的创造性、灵活性和技巧性，其效果与管理者的经验、才识、思维力和创造力有密切的关系。这些都是艺术的基本特征。管理是人与人之间的活动，而人是靠思想、感情支配的。管理活动往往要因人而异，同样一件事，因时间、地点、人物不同，就不能用同样的方法来处理。因此，有效的管理是科学与艺术的结合。这种艺术技巧获得，光靠学习管理理论是不行的，必须经过管理实践锻炼，需要有一个经验的积累过程。

二、企业管理的概念与职能

1. 企业管理的概念

企业管理是指企业管理者为保证企业生产经营活动的正常进行，实现企业的既定目标，而对企业的生产经营活动和各种资源进行计划、组织、领导、激励和控制的过程。为了理解企业管理这一概念，我们可以从下列几个关键词去把握其内涵。

谁来管——企业管理的主体。管理者是企业管理的主体，比如印刷企业的总经理、部门主管与各车间、各处室的主任等所有参与管理的人员。

管什么——企业管理的客体。企业管理的客体即企业管理的对象，在印刷企业中包括整个印刷生产与经营活动过程以及人、财、物、信息等各类企业资源。

如何管——企业管理职能。企业管理是企业管理者通过计划、组织、领导、激励和控制等一系列管理职能进行的活动。当然，通常管理者并不要求承担所有的管理职能，而是根据各自工作性质而侧重不同的管理职能，比如印刷车间的班组长主要是侧重于具体的生产组织与控制，人事主管侧重于员工激励等。

为什么管——企业管理目的。管理是实现一定目的的手段。企业管理的目的就是合理、有效利用各种资源实现企业预定的目标。

2. 企业管理职能

企业管理具体职能包括计划、组织、指挥、协调和控制。管理作为一个过程，正是通过这五项基本职能得以实现的，这些职能也就是作为管理者的基本工作内容。这五项职能的基础内容与工作逻辑关系如图1-1所示。

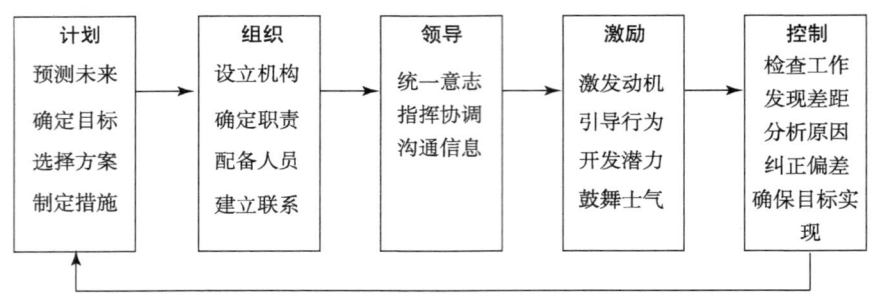

图1-1 管理职能工作逻辑关系

三、企业管理方法

执行管理职能，完成企业管理任务，必须解决方法问题。所谓方法，是指达到目标的方式、手段、措施、途径等。现代企业管理的方法很多，一般可分为行政方法、经济方法、法律方法、教育方法和科学技术方法等几大类。按时代特征，分为传统方法和现代方法；按研究和解决问题的思维方式，分为定性分析方法和定量分析方法。不同的方法有着不同的特点，其作用也有一定的限度和范围。因此，这些方法在管理过程中必须相互补充，相互联系，相互配合，构成一个管理方法体系。

1. 行政方法

行政方法是指企业各级行政组织机构运用其权力，通过发布命令和指示，颁布规章制度，制订和贯彻企业计划等手段管理企业的方法。企业行政机构具有特定的权力，其行政方法具有强制性，企业所有人员都必须服从和执行。

在管理过程中，行政方法可以使管理信息迅速传递，管理措施及时有效地发挥作用；有利于集中使用和调动人力、物力、财力及技术力量，迅速解决生产经营中的问题，保证工作重点；能够保证企业内各系统之间在行动上的一致，保证对所属部门和人员的有效控制。

在运用行政方法时，要特别注意这种方法强调的是职责、职权，而非个人特权、"长官意志"。因此，行政领导人必须注重深入实际，注重与下级的沟通，按照客观规律办事，切忌主观主义的瞎指挥。行政方法有一定的限度和范围，不要夸大行政方法作用。单纯依靠行政权力和行政手段，是不利于调动员工积极性的，因而行政方法要与其他管理方法结合使用。

2. 经济方法

经济方法是指按照客观经济规律的要求，正确运用经济手段和经济责任制管理企业的方法。它与行政方法不同的是：不用强制性的手段而是利用经济杠杆和价值工具调控企业经济活动。具体内容包括：（1）正确处理好各种分配关系。根据按劳分配的原则，科学合理地确定工资、津贴、奖金和罚款。（2）根据市场需求和国家有关规定，合理确定产品价格。(3) 在国家政策和法律允许的范围内，合理分配企业利润。(4) 以提高经济效益为目的，合理制定和贯彻落实经济责任制。

经济方法的实质是用经济利益来激发员工的积极性。因此，经济方法的运用必须以经济利益关系的存在和人们对物质利益的追求为前提，在运用时要注意其限度。例如利用奖金作为刺激积极性的杠杆，若超过一定限度，可能产生副作用。再如，运用罚款作为制止某些不良行为手段，需要有一定的强度，若强度不足以触动其经济利益，就失去了这种手段的作用。同其他管理方法相比，经济方法的局限性在于它不能直接控制人们的行为，无法解决企业中许多需要严格规定或立即采取措施的问题。单纯的经济方法容易导致盲目追求物质利益的倾向，从而偏离统一的目标，阻碍生产经营活动协调顺利地发展。因此，在运用经济方法时，要注意综合使用其他方法，加强思想教育。

3. 法律方法

法律方法是指根据法律规范，运用国家法律维护企业利益和管理企业的方法。法律方法比其他管理方法具有更大的权威性和强制性。一种法律、法规一经制定和实施，任何组织和个人都必须严格遵守和认真执行。

在企业管理中，法律方法主要依据的是经济法规。经济法规是我国法律的重要组成部分，是处理经济活动中所发生的社会关系的法律规范，如企业法、公司法、经济合同法、专利法、商标法、产品质量法、企业承包经营责任制条例、企业租赁经营责任制条例等。企业是具有独立经济利益的法人实体，国家通过立法，保障企业的经营自主权。如果合法权益受到侵犯，企业可以法人的资格参加民事诉讼活动，要求法律保护。

用法律方法进行管理，要求企业的一切活动都必须贯彻法制原则，在法律许可的范围内从事生产经营活动，融法律于企业规章制度之中，依法调解和解决企业内部经济纠纷，运用法律手段维护企业的合法权益等。对法律进行广泛的宣传教育，是法律方法所采取的一种重要形式，通过法律宣传教育使职工提高遵法、守法、执法的自觉性，会使法律方法在管理中发挥更大的作用。法律方法也有其局限性，它只能在有限的范围内调整和控制人们的行为，故不能代替其他管理方法的运用。

4. 教育方法

教育方法是指管理者运用现代教育思想和方法，通过对企业职工进行思想、科学文化、生产技能和经营管理等方面的教育，提高职工素质，从而增强企业的生存和发展能力的管理企业的方法。教育方法立足于人才开发、智力开发和企业文化的培育，是具有战略性的管理措施。它包括三方面内容：一是企业职工知识技能的增长；二是良好的心理品德素质的提高和加强思想政治工作；三是价值观和企业精神的培育。

教育方法是企业管理中最重要的基本方法之一。运用教育方法，必须掌握管理活动中团队和个人的社会心理特点，按照不同特点采取不同的教育方式，使教育有的放矢。同时，要营造良好的教育环境，如企业文化建设等，以便更有效地实现教育与管理的目标。

5. 科技方法

现代科技方法是管理者将现代科学技术的成果应用于管理活动，以提高企业经营管理素质的方法。现代科技方法可以使企业管理定量化、精确化、系统化和科学化，可以对企业生产经营活动各种因素的影响进行定量控制，使许多复杂问题的处理变得简单、快捷。现代科技方法的运用是企业管理现代化的标志。企业管理中采用的科技手段十分广泛,包括数学分析方法、管理技术设备现代化等,其中主要是在管理中广泛使用计算机。

科技方法具有规范性、系统性和发展性的特点。运用科技方法进行管理,要求企业:一是要加强培训工作,提高全体职工素质;二是要克服重物不重人的偏向,应看到企业管理的主体是人;三是必须加强企业管理的基础工作,这是科学技术方法运用的前提条件。

四、印刷企业管理

1. 印刷企业管理的任务

印刷企业管理的根本目的在于合理开发并有效利用印刷企业内外资源,谋求印刷企业的生存与发展。因此印刷企业管理的任务是:有效利用印刷企业资源,提高印刷企业生产经营活动的能力,扩大印刷企业技术经济实力,提高经济效益,保证其经营目标的实现。

具体任务包括以下几方面:第一,合理组织印刷企业的生产经营活动;第二,充分利用印刷企业的人、财、物、信息等各种资源,降低消耗,提高效益;第三,促进印刷技术进步,不断提高印刷企业竞争能力;第四,开发人力资源,提高印刷企业人员素质;第五,协调好印刷企业内外关系,增强印刷企业环境适应性。

2. 印刷企业管理的内容

印刷企业管理可以划为几个业务职能分支:印刷企业经营管理、生产管理、质量管理以及资源管理,其中资源管理又包括人力资源、财力资源、物力资源、信息与技术资源等。通常印刷企业会按照这些专门的业务职能设置职能部门。

印刷企业经营管理主要指为了实现印刷企业经营目标,建立和保持与印刷市场之间的互利的业务关系,而对印刷企业经营项目所进行的分析、规划、实施和控制。

印刷企业生产管理主要指对印刷企业的生产活动进行有计划、组织、指挥、监督、调节的管理工作;目标是以最少的资源损耗,获得最大的成果;是对印刷企业生产系统的设置和运行的各项管理工作的总称,又称生产控制。

印刷企业质量管理主要指确定印刷企业质量方针、目标和职责,并通过印刷企业质量体系中的质量策划、质量控制、质量保证和质量改进来使其实现的所有管理职能的全部活动。

印刷企业资源管理指对印刷企业所拥有或应当拥有的资源进行组织、协调、控制、改进,以使其正常发挥其效用的过程。印刷企业所拥有的资源一般可分为人力、物力、财力、信息、技术五种主要资源,而这些资源是企业生存和发展所必备的条件。

【训练】

1. 举例说明学校管理的目的与对象有哪些。
2. 请说明下列学校管理中的活动分别对应哪些管理职能:制订专业教学计划和培养方案;按专业志愿分班级并委派辅导员及班干部;班主任或辅导员指挥学生学习或生

活等各类班级活动的开展；团委、学生会开展各类文娱活动以丰富校园生活；组织期末考试以检查学习成绩。

第三节　印刷企业组织结构

【任务】认识常见的印刷企业组织结构及其特点。

【分析】针对学生实习期可能安排到不同工作岗位，可能要与企业的不同部门与领导打交道，引导学生认识印刷企业组织结构，从而更好地适应企业实习生活。

印刷企业是由各个部门组成，这些部门在进行设置时须遵照一定的组织结构设计原则。

一、组织的含义

参加印刷实习

在管理学中，组织的含义可以从静态与动态两方面来理解。

静态方面，组织是反映人、职位、任务以及它们之间的特定关系的组织结构。如班级、学校、就业实习单位、印刷公司、客户单位、医院、各级政府部门、各个层次的经济实体、各个党派和政治团体等。

动态方面，组织是维护与变革组织结构，以完成组织目标的过程。企业必须根据组织的目标，建立组织结构，并不断地调整组织结构以适应环境的变化。如学校组织同学们顶岗实习，企业组织生产，这种组织是管理的一种职能。

所以，组织是人们为了实现一定的目标，互相结合、指定职位、明确责任、分工合作、协调行动的人工系统及其运转过程。

从组织的内涵我们可以看出组织区别于人群或群体等概念。首先，组织有自己明确的目标。目标是组织存在的前提，是组织活动的出发点和落脚点，而人群或群体是不具备这样的目标性。其次，组织内部必须有适当的分工与协作，这使得组织能产生较高的效能，而群体只是分散的人体存在，效能不会出现如组织这样的明显提升。再次，组织内部具有不同层次的权力和责任，分工后就赋予各人以相应权力与责任。若想完成一项任务，必须具有完成该项任务的权力，同时又必须有相应的责任。而人群或群体是不具备这样的制约机制的。最后，组织内部要设立必要的部门机构，对其活动中所需的资源进行合理配置，以保证其正常运转。

二、企业组织结构类型

组织结构是为了便于管理，实现组织的宗旨和目标。每个组织都要分设若干管理层次和管理机构，表明组织内各部分的排列顺序、空间位置、聚散状态、联系方式以及各要素之间的相互关系。组织的部门划分，是指按照一定的方式将相关的工作活动加以细分和组合，形成若干易于管理的组织单位，如部、处、科、室、组或股等，这里统称为部门。部门划分可以有多种方式,从而形成不同的组织结构。通过部门划分可以将整个组织分为若干个小单位,使组织的各项活动落实到具体的承担机构上来。常见的组织结构的类型有:直线制、直线职能制、事业部制、矩阵制结构等。

1. 直线制

直线制是一种最早也是最简单的组织形式。它的特点是企业各级行政单位从上到下实行垂直领导,下属部门只接受一个上级的指令,各级主管负责人对所属部门的一切问题负责。企业内不另设职能机构(可设职能人员协助主管人工作),一切管理职能基本上都由行政主管自己执行。如图1-2所示。

直线制组织结构的优点是:结构比较简单,责任分明,命令统一。缺点是:它要求行政负责人通晓多种知识和技能,亲自处理各种业务。这在业务比较复杂、企业规模比较大的情况下,把所有管理职能都集中到最高主管一人身上,显然是难以胜任的。因此,直线制只适用于规模较小,工艺单调的印刷企业,对中型以上印刷企业并不适宜。

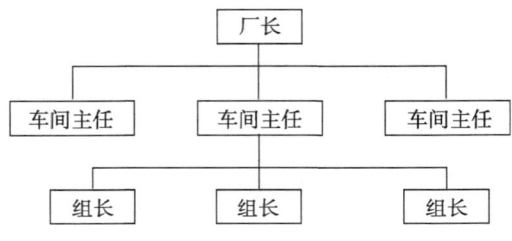

图1-2 直线制组织结构图

2. 直线职能制

直线职能制,或直线参谋制。它是在直线制和职能制的基础上,取长补短,吸取这两种形式的优点而建立起来的。目前,绝大多数中小型印刷企业都采用这种组织结构形式。对于印刷企业,它的主要目标有两个:印刷生产和产品销售。作为组织目标实现的直接参与者,印刷生产与市场人员构成了直线人员。区分组织中谁是直线人员和职能参谋人员的一个方法就是根据组织的目标,看谁直接为其作出贡献,谁间接为其作出贡献。在印刷企业中,诸如人事、技术、设备、财务及公共关系部门的职能是参谋,在整个企业组织结构中这些部门就是职能部门。如图1-3所示。

直线职能制的优点是:既保证企业管理体系的集中统一,又可以在各级行政负责人的领导下,充分发挥各专业管理机构的作用。其缺点是:职能部门之间的协作和配合性较差,职能部门的许多工作要直接向上层领导报告请示才能处理,这一方面加重了上层领导的工作负担;另一方面也造成办事效率低。为了克服这些缺点,可以设立各种综合委员会,或建立各种会议制度,以协调各方面的工作,起到沟通作用,帮助高层领导出谋划策。

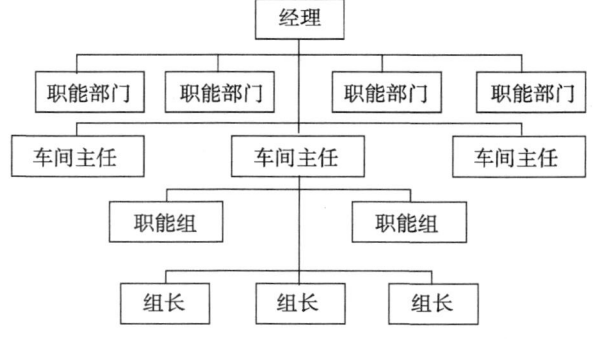

图1-3 直线职能制组织结构图

3. 事业部制

事业部制组织结构,即按产品或地区设立事业部(或大的子公司),每个事业部都有自己较完整的职能机构。事业部在最高决策层的授权下享有一定的投资权限,是具有较大经营自主权的利润中心,其下级单位则是成本中心。事业部制具有集中决策,分散经营的特点。集团最高层（或总部）只掌握重大问题决策权，从而从日常生产经营活动中解放出来。事业部本质上是一种企业界定其二级经营单位的模式。事业部制适用于规模庞大，品种繁多，技术复杂的大型企业，是国外较大的联合公司所采用的一种组织形式，近几年我国一些大型企业集团或公司也引进了这种组织结构形式。如图1-4所示。

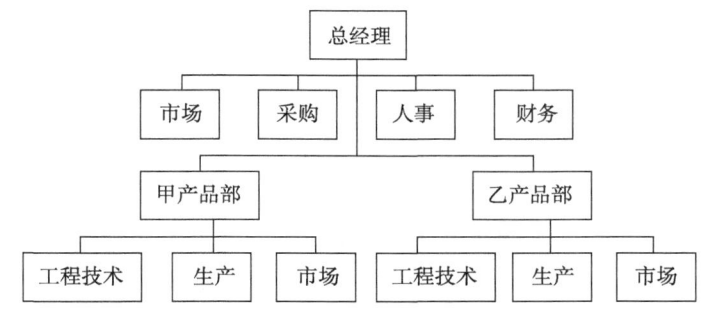

图1-4 事业部制组织结构图

4. 矩阵组织结构

在组织结构上，把既有按职能划分的垂直领导系统，又有按产品（项目）划分的横向领导关系的结构，称为矩阵组织结构。矩阵制组织是为了改进直线职能制横向联系差，缺乏弹性的缺点而形成的一种组织形式。它把按职能划分的部门与按项目划分的小组结合起来组成矩阵，使小组成员接受小组和职能部门的双重领导。它的特点表现在围绕某项专门任务成立跨职能部门的专门机构上，这种组织结构形式是固定的，人员却是变动的，任务完成后就可以离开。如图1-5所示。

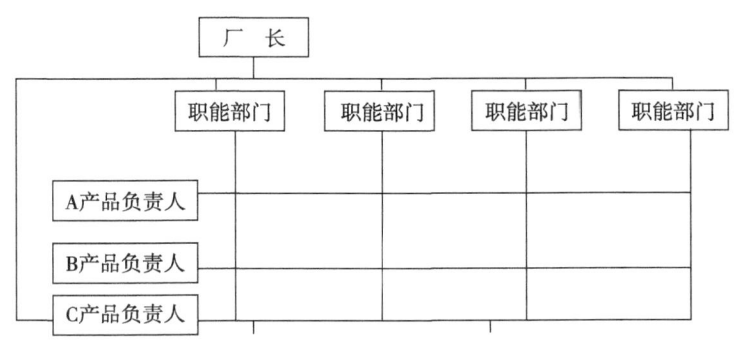

图1-5 矩阵组织结构图

三、印刷企业组织结构

一般印刷企业除董事会外不会超过三层组织结构，即厂级高管、部门中层领导与一线人员。如果公司规模较大，一线人员较多，可增设小组长一级组织，如精装组、平订组、骑马订组等。当公司规模再扩大后，各部门中层领导过多，则可成立子公司，如营业公司、生产公司、物流公司、设备公司、后勤公司等。对于一些规模较大的子公司，如印刷生产公司，可分解为彩印厂、书刊厂、包装厂，或分解为制版厂、印刷厂、装订厂等。图1-6为某印刷公司组织结构设计图。

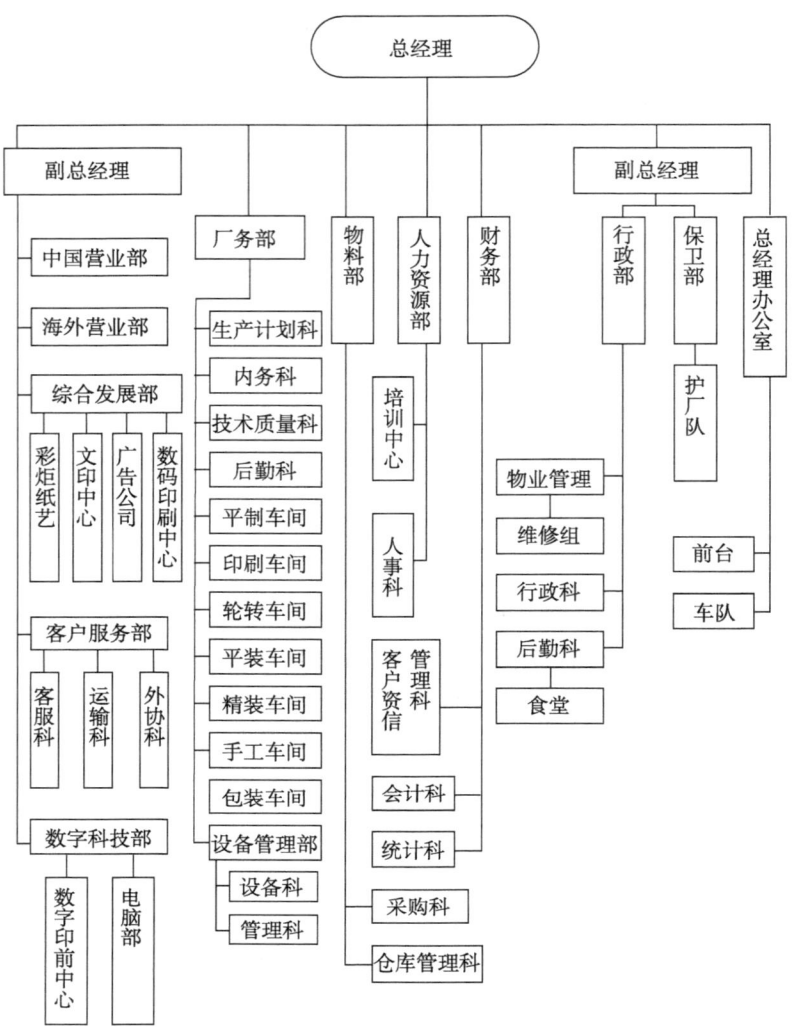

图1-6 某印刷公司组织结构图

【训练】

1. 结合案例中所列的组织结构图，试说明该印刷公司的组织结构是如何设计的以及组织类型。

2. 上海紫江企业集团股份有限公司简介如下：主要从事包装印刷与地产置业两大核心产业。公司于1999年成功发行股票并在上海证券交易所挂牌上市。紫江企业自成立以来一直致力于研究和发展具有环保概念的都市型新材料产业，现拥有容器包装、瓶盖标签、饮料OEM三个事业部、40多家控参股子公司。公司主营生产和销售各种PET瓶及瓶坯、瓶盖、标签、喷铝纸及纸板、BOPET薄膜、CPP薄膜、高档油墨、多色网印塑胶容器及其他新型材料，是当前沪深两市中规模最大、产品种类最齐全、赢利能力最强的包装材料制造企业。试分析该公司的企业类型与组织结构。

第四节 印刷企业制度

【任务】 了解企业制度的内容，认识印刷企业制度的作用。

【分析】 印刷企业制度尤其是管理制度是此节重点内容，可结合案例说明企业制度的内容与作用。

制度建设是企业管理中的一项重要工作。而现代企业制度又与印刷企业的经营与管理息息相关，是企业管理的主要内容之一。

一、企业制度的概念

企业制度，是维系企业作为独立组织存在的各种社会关系的总和。企业制度的内容包括企业资产组织方式、领导体制、经营管理、利润分配等一系列制度。通过建立企业管理制度可解决企业诸如管理模式、管理轴心、管理目标、管理体制、管理手段等方面的问题。

二、现代企业制度

企业制度可划分为传统企业制度和现代企业制度两种。传统企业制度主要包括个人业主制和合伙制两种类型。现代企业制度指的是公司制，即以法人财产权为基础，以有限责任制度为核心，以公司制为基本形式的企业制度。

胶印机安全操作规程

1）上班前，穿好工作服，束紧袖口，禁止留长发，穿拖鞋、裙子、戴首饰操作机器。
2）开机前，对机器所有润滑点加注标号的润滑油。
3）开机前，查看其周围有无障碍物，保持机器周边道路通畅。机器上禁放杂物。
4）检查机器运转，集中润滑系统，各部位急停按钮，安全装置是否正常。
5）在剥皮、擦拭滚筒、装卸印版、橡皮布等时，应使用点动按钮，严禁在低速或运转状态下进行上述作业。
6）禁止在机器运转或低速运转状态下，用手剥、刮墨辊、水辊、印版和橡皮滚筒表面的黏着物，随机配备的专用工具除外。
7）保持机器周围及脚踏板、扶手清洁、无油污，防止在工作中滑倒。
8）在检查、调节、维修机器时，必须进行锁车或情况需要拉闸断电。
9）禁止在机器运转时擅离岗位，必须离开时，应告之机组人员注意或停机。
10）对易燃、易爆动品，用多少领多少，用后密封好，不准积压存放。
11）严禁拆除机器安全防护装置。
12）认真做好机器的日常保养工作。
13）禁止酒后上机操作。
14）禁止戴橡皮手套进行擦版操作。

实训中心

印刷企业管理制度

---

1. 现代企业制度是企业制度的现代形态

企业制度是随着生产力和商品经济的不断变化而发展的。在生产力水平低下，商品经济不发达时，企业制度处于原始状态；随着社会生产力水平的不断提高和商品经济的发展，企业制度便逐步发展到现代企业制度阶段。所以，现代企业制度是相对于传统企业制度而言的。这种相对性表现在：一是相对于计划经济体制下的工厂制度，如我国改革开放前的国营印刷企业，只是按照国家行政机构的要求进行印刷生产的"印刷厂"，没有经营自主权；二是传统的个人业主制和合伙制企业制度（自然人企业制度），这类企业不具备法人资格。上述两类企业制度下的企业都不能充当市场经济运行的主体。

2. 现代企业制度的核心是法人财产权

财产权即产权，它是法定主体对财产所拥有的各项权利的总和，包括占有权、使用权、收益权和处置权。法人财产权是指企业财产归企业法人所拥有，企业法人享有其占有、使用、收益和处置的权利，并以法人财产承担民事责任。拥有了法人财产权，企才能真正成为自主经营、自负盈亏的商品生产者和经营者,成为真正的现代企业。

3. 公司制度是现代企业制度最典型的组织形式

有限责任公司和股份有限公司是当今世界各国现代企业普遍采用的基本形式,因此有限责任制度是现代企业制度的重要基础。有限责任制度包括两个方面,一是企业以其全部法人财产为限,对其债务承担有限责任;二是企业破产清算时,出资者以其投资额为限,对企业债务承担有限责任。

三、现代企业制度的内容

同传统的企业制度相比,现代企业制度具有产权明晰、责权明确、政企分开、管理科学等特征。现代企业制度主要包括以下内容。

1. 现代企业产权制度

产权制度是以产权为依托,对财产关系进行组合、调节和规范的法律制度。现代企业产权制度是将资产所有权分解成出资者所有权和法人财产权两部分,企业的出资者对其投入的资产享有最终所有权,企业则对出资者投入到企业中的资产整体享有法人财产权。在此制度下,出资者所有权表现为出资者拥有的股权,即以股东身份依法享有资产受益、参与重大决策、选择管理者和转让股权等权利。出资者一旦投资于企业,其投资额就成为企业法人财产,法人财产权也随之确立,出资者不能对法人财产中属于自己的部分进行支配,不能直接干预企业的经营活动,而只能运用股东权利影响企业行为。出资者所有权和法人财产权经过法律确认,均受法律保护,不可侵犯。

2. 现代企业法人制度

企业要进入市场成为竞争主体,必须是能够独立享有民事权利、承担民事责任的法人。现代企业法人制度就是赋予企业法人地位的制度。企业法人制度的基础是法人财产权。企业作为一个法人,同自然人一样能独立地行使民事权利和承担民事责任,不受其他自然人或组织的干预。企业依据独立的法人财产对其经营活动负责,依法自主经营,自负盈亏,以其全部资产对企业债务承担责任。

3. 现代企业组织制度

公司制企业是现代企业制度的主要形式。公司在市场经济的发展过程中已经形成一套完整的组织制度,这种组织制度具体表现为完善的法人治理机构。法人治理机构由股东会(最高权利机构)、董事会(决策机构)、总经理及其经理班子(日常管理机构)和监事会(监督机构)组成,实行决策、执行、监督三权分离。法人治理机构如图1-7所示。

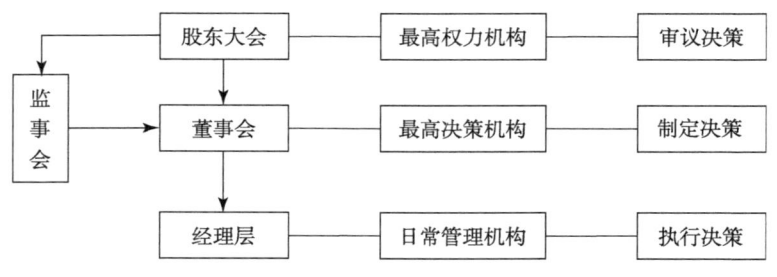

图1-7 现代企业组织制度

实行这种组织制度是因为：在公司中由于投资主体多元化，任何一个投资者都不可能是企业的完全所有者；在所有者极分散的情况下，所有者一般也不是企业的经营者，企业是由一些职业经理来经营管理的。法人治理机构就是在企业的股东、经营者、职工几方面利益相互制约的基础上形成的。它规定了所有者、经营者、生产者之间通过公司的权力机构、决策机构、管理机构，形成各自独立、权责明确、相互制衡的关系，保证投资者、经营者、职工的权益，促进他们之间的合作，调动各方面的积极性。

4．现代企业管理制度

科学的企业管理制度是现代企业制度的重要内容。它是指运用现代管理思想、管理方法、管理手段及管理人才对企业人、财、物以及生产经营活动实行全过程、全方位的现代化管理。包括现代企业用工制度、工资制度、财务制度、会计制度以及适应市场经济的各项生产经营活动的运作制度等。

四、印刷企业管理制度

印刷企业作为企业的一种，同样有自己的各项企业管理制度，如：企业用工制度、工资制度、财务制度、会计制度以及适应市场经济的各项生产运作与经营制度等。只不过这些管理制度的内容更具有印刷行业的特点。

【案例一】 某印刷企业管理制度——生产现场管理制度（节选）

1．目的

规范员工行为，提升员工素质，创建一个有序的、整洁的工厂。

2．范围

公司全体员工在生产车间、仓库、物流通道的行为，均应符合本制度的要求。

3．职责

3.1 总经理负责管理制度的批准和所需资源的提供

3.2 生产部负责

  3.2.1 本制度的拟订、执行和改进

  3.2.2 物流、人流及生产区域的区域划分

  3.2.3 半成品、成品的标志

  3.2.4 生产员工的制度培训

3.3 仓库负责原辅材料及半成品、成品、不合格品区域的标志和库存物资的管理

3.4 品管部负责生产现场物料质量状态的识别、产品流转过程的质量监控及品管部作业区域内的现场管理

3.5 公司各级管理人员应根据各自的岗位职责，支持生产现场管理

3.6 领班负责当班期间本车间的现场管理

4．行为规范

4.1 考勤

  4.1.1 严格执行生产部规定的作息时间，不迟到，不早退

  4.1.2 有事应提前请假，4小时以内，报领班批准；1天及以上，经领班审核签字后，报生产部经理批准；所有请假必须有请假条，临时请假的上班后及时补请假条

  4.1.3 所有未经批准的离岗或没有请假条的请假，均视做旷工或违规

4.2 员工仪表

 4.2.1 上班期间必须着工作装

 4.2.2 不得穿拖鞋、凉鞋

 4.2.3 不得长发披肩

 4.2.4 口袋内不得放置钥匙、手机等物品，以防滚筒压坏

4.3 现场区域划分

 4.3.1 工作区、通道、物料区的区分并有标志，是保持现场整洁、有序的保证

 4.3.2 生产线区域按要求放置所需物品，定置定放，不得随意放置工具及所需物料

 4.3.3 所有物料应按使用规定作出明确标志，以便识别，避免误用

 4.3.4 所有物料的标志应与堆放位置的区域标志相符，否则，将被视为违规

 4.3.5 无理占用通道是本制度不允许的，也是生产现场管理要解决的重点问题之一

 4.3.6 不合格品和边角料均有规定的存放、控制和处理方法

4.4 工作纪律

 4.4.1 各机组和生产员工均应明确工作区域和活动范围，不允许进行串岗操作，未经许可超越范围，责任人及机台机长将会受到处罚

 4.4.2 各员工上班期间不得串岗、聚众聊天、在工作场所或回宿舍睡觉

 4.4.3 每天接班后助手需先清洁现场，保持工作区域的清洁、做好设备的日常保养、保持作业区域及车间封闭（关门）是各机组应尽的职责

 4.4.4 《生产过程控制程序》和各工序《作业指导书》，是生产现场管理最基本的指导性文件，各生产员工应熟悉并领会这些文件的精神，避免因工作失误造成损失或浪费，否则，将会受到严厉的处罚，甚至直接被辞退

 4.4.5 生产车间（含打样间、制版间）和仓库禁止吸烟

 4.4.6 公司允许生产员工在生产现场饮水，但不得影响工作，水杯之类的物品必须摆放在规定的位置

 4.4.7 公司不提倡生产员工在生产现场使用手机，因此，生产员工使用手机时，应充分考虑本职工作，以及是否影响他人的工作

 4.4.8 各机组应服从领班的工作安排；对领班的安排有不同意见，应向领班提出，不能达成一致的，应先执行，再向生产部经理提出申诉

 4.4.9 各机组和领班应积极配合质检部的检验和试验工作

 4.4.10 各机组应严格执行生产部的《生产工艺单》和《生产计划单》

 4.4.11 业务部或业务员了解或需调整生产进度，应与生产部沟通，不应直接干扰生产现场的秩序

 4.4.12 公司提倡各级管理人员在不影响本职工作的前提下，到生产现场查看生产进度、产品质量、现场秩序，并将不良现象或存在的问题，向总经理或生产部提出；公司不提倡非生产管理和质量管理人员在生产现场发号施令

 4.4.13 安全生产，人人有责，各员工有义务及时提出车间内的安全隐患

4.5 有效控制物料

4.5.1 不能有效控制物料是生产现场和仓库不整洁的根源

4.5.2 生产部应会同仓库、业务部、品管部,核定每张《生产工艺单》所需的材料(铁皮、涂料等)、辅料(油墨、PS版等)数量

4.5.3 仓库按业务部、生产部核定的数额,控制原辅材料的供应

4.5.4 原料和辅料的使用,纳入月底的奖金考核管理,节约有奖,浪费必罚

【案例二】《中华人民共和国印刷业管理条例》(节选)

1997年3月8日中华人民共和国国务院令第212号发布,自1997年5月1日起施行。

第一章 总则

第一条 为了加强印刷业管理,维护印刷业经营者的合法权益和社会公共利益,促进社会主义精神文明和物质文明建设,制定本条例。

第二条 本条例适用于出版物、包装装潢印刷品和其他印刷品的印刷经营活动。

本条例所称出版物,包括报纸、期刊、书籍、地图、年画、图片、挂历、画册及音像制品、电子出版物的装帧封面等。

本条例所称包装装潢印刷品,包括商标标志、广告宣传品及作为产品包装装潢的纸、金属、塑料等的印刷品。

本条例所称其他印刷品,包括文件、资料、图表、票证、证件、名片等。

本条例所称印刷经营活动,包括经营性的排版、制版、印刷、装订、复印、影印、打印等活动。

第三条 印刷业经营者必须遵守有关法律、法规和规章,讲求社会效益。

禁止印刷含有反动、淫秽、迷信内容和国家明令禁止印刷的其他内容的出版物、包装装潢印刷品和其他印刷品。

第四条 国务院出版行政部门主管全国的印刷业监督管理工作。县级以上地方各级人民政府负责出版管理的行政部门(以下简称出版行政部门)负责本行政区域内的印刷业监督管理工作。

县级以上各级人民政府公安部门、工商行政管理部门及其他有关部门在各自的职责范围内,负责有关的印刷业监督管理工作。

第五条 印刷业经营者应当建立、健全承印验证制度、承印登记制度、印刷品保管制度、印刷品交付制度、印刷活动残次品销毁制度等。具体办法由国务院出版行政部门会同国务院公安部门制定。

印刷业经营者在印刷经营活动中发现违法犯罪行为,应当及时向公安部门或者出版行政部门报告。

第六条 印刷行业的社会团体按照其章程,在出版行政部门的指导下,实行自律管理。

第二章 印刷企业的设立

第七条 国家实行印刷经营许可制度。未依照本条例规定取得印刷经营许可证的,任何单位和个人不得从事印刷经营活动。

第八条 设立印刷企业,应当具备下列条件:

(一)有企业的名称、章程;

（二）有确定的业务范围；

（三）有适应业务范围需要的生产经营场所和必要的资金、设备等生产经营条件；

（四）有适应业务范围需要的组织机构和人员；

（五）有关法律、行政法规规定的其他条件。

审批设立印刷企业，除依照前款规定外，还应当符合国家有关印刷企业总量、结构和布局的规划。

第九条　设立从事出版物、包装装潢印刷品和其他印刷品印刷经营活动的企业，应当向所在地省、自治区、直辖市人民政府出版行政部门提出申请；其中，设立专门从事名片印刷的企业，应当向所在地县级人民政府出版行政部门提出申请。申请人经审核批准的，取得印刷经营许可证；并按照国家有关规定持印刷经营许可证向公安部门提出申请，经核准，取得特种行业许可证后，持印刷经营许可证、特种行业许可证向工商行政管理部门申请登记注册，取得营业执照。

个人不得从事出版物、包装装潢印刷品印刷经营活动；个人从事其他印刷品印刷经营活动的，依照前款的规定办理审批手续。

第十条　出版行政部门受理设立从事印刷经营活动的企业申请，应当自收到申请之日起60日内作出批准或者不批准的决定。批准设立申请的，应当发给印刷经营许可证；不批准设立申请的，应当通知申请人并说明理由。

印刷经营许可证应当注明印刷企业所从事的印刷经营活动的种类。

印刷经营许可证不得出售、出租、出借或者以其他形式转让。

第十一条　印刷业经营者申请兼营或者变更从事出版物、包装装潢印刷品或者其他印刷品印刷经营活动，或者兼并其他印刷业经营者，或者因合并、分立而设立新的印刷业经营者，应当依照本条例第九条的规定办理手续。

印刷业经营者变更名称、法定代表人或者负责人、住所或者经营场所等主要登记事项，或者终止印刷经营活动，应当向原办理登记的公安部门、工商行政管理部门办理变更登记、注销登记，并报原批准设立的出版行政部门备案。

第十二条　国家允许设立中外合资经营印刷企业、中外合作经营印刷企业，允许设立从事包装装潢印刷品印刷经营活动的外资企业。具体办法由国务院出版行政部门会同国务院对外经济贸易主管部门制定。

第十三条　单位内部设立印刷厂（所），必须向所在地县级以上地方人民政府出版行政部门办理登记手续，并按照国家有关规定向公安部门备案；单位内部设立的印刷厂（所）印刷涉及国家秘密的印件的，还应当向保密工作部门办理登记手续。

单位内部设立的印刷厂（所）不得从事印刷经营活动；从事印刷经营活动的，必须依照本章的规定办理手续。

【训练】

1. 说明现代企业制度的内容有哪些。
2. 结合案例谈谈印刷企业管理制度的作用。

第二章 印刷企业经营管理

【应知要点】
1. 理解印刷市场的类型、特点。
2. 掌握印刷市场的特征。
3. 掌握经营管理知识。

【应会要点】
1. 能分辨不同印刷品的市场类型。
2. 会填写业务订单。

第一节 印刷市场类型

【任务】认识印刷市场类型,并了解不同印刷市场的特征。

【分析】结合相关印刷专业知识,引导学生从市场的角度去认识与考察印刷品市场,并通过案例介绍,了解其他印刷品市场。

印刷市场是复杂多样的,而且很大程度上是个买方市场,印刷企业间的竞争非常激烈。为此,必须精确地划分印刷市场类型,做好市场细分与目标市场选择,印刷企业才能保证自己的生存与发展空间。

一、印刷市场类型

现代社会由无数的市场组成,以买主购买目的的不同进行划分,可以分为消费品市场、生产者市场、转卖者市场、政府市场等。

印刷企业不同于生产型加工企业,也不同于销售型企业,它是"订单式"加工企业,主要为其他企事业机构(客户)提供印刷设计、加工服务。

根据客户对印刷品使用的动机与目的不同,可将印刷市场分为:印刷品产业市场、印刷品消费市场、政府印刷品市场和其他用途印刷品市场。

(1)印刷品产业市场是指由购买印刷品用于其产品的再加工、生产和销售的企业或组织构成的市场,如产品的包装物、电路板、标志、说明书、产品使用说明等,这类印刷品主要为客户的产品运输、销售提供服务,是产品生产销售必不可少的。

(2) 印刷品消费市场是指由将印刷品作为最终销售产品的企业或组织构成的市场,如书刊、杂志、报纸、挂历、年画等,这类市场主要是出版机构、报社、杂志社等,它们直接将印刷品投入到消费市场。

(3) 政府印刷品市场是指由政府机构在执行相关职能而使用的印刷品构成的市场,如钞票、票据、凭证等,这类市场主要是政府机构或政府部门。

(4) 在印刷品消费领域中,还有一些在上述三类市场以外的产品,如企业职工手册、超市促销广告、标书、表格和各种办公用印刷品等,这类印刷市场涉及各个行业。

此外,根据产品类型的不同,可将印刷市场分为:书刊印刷品市场、包装装潢印刷品市场、广告印刷品市场和其他印刷品市场等。根据印刷工艺的不同,可将印刷市场分为:胶印印刷市场、丝网印刷市场、柔性版印刷市场和凹印印刷市场等。

二、印刷市场的特征

印刷市场特征主要表现在以下几个方面。

(1) 客户的多样性。从印刷市场类型可以看出,印刷市场涉及各种工商企事业单位、政府机构及各种团体。随着个性化需求的出现,甚至对印刷品的需求也存在个体消费者。

(2) 需求的时间性。印刷企业生产的特殊性决定了印刷品对时间的要求,不论是纸质印刷品还是其他承印材料产品,都对时间要求很高。如产品的包装盒需要在被包装产品下生产线以前完成,报纸的时效性就更为明显了。

(3) 需求缺乏弹性。印刷市场的需求是缺乏弹性的需求,即客户对印刷品的需求受价格变动的影响不大。如果油墨或纸张的价格下降导致印刷加工费用降低,出版社不会因此而加大图书的印数,或生产企业不会因此而多需求包装物、产品说明书等。

(4) 新载体竞争激烈。印刷市场除了具备所有行业都存在的激烈的同行竞争以外,还存在着因新技术的变革带来的生存竞争——印刷品的承印载体的变革。如网络出版对传统书刊、杂志、报纸的冲击,也会影响到印刷企业的发展,多媒体广告影响传统平面广告的印刷等。

【案例一】 近十年全球印刷品市场分析

根据英国 Pira 咨询公司的《The Future of Global Printing to 2012》报告数据,从不同方面对2002—2012年十年间全球印刷品市场作一些简要的分析与预测。

将印刷品分为书籍、目录、说明书、杂志、报纸、包装等11个主要的类别,如表2-1和图2-1所示。2002—2012年十年间,印刷品总产值将呈总体上升态势,增长率高达15.9%。除目录与办公印刷品两类产品的生产产值持续减少外,各类产品产值均有不同程度的上升。首先,因人们阅读习惯改变,作为三类最主要的传统印刷品,书籍、报纸、杂志都不同程度地受到了冲击。从事这些产品业务的印刷公司努力通过购置先进设备、加强员工培训、引进先进技术等方法提高产品质量,降低生产成本,提升竞争力,保持较高的产值增幅。另外,证券印刷、标签印刷技术在应用中逐渐显露出不足,它们正在不断与科技含量较高的技术相结合以焕发新的活力。商业印刷与其他类产品种类丰富,因此总体增长幅度较大。增长速度最快的两类产品是广告印刷品与包装印刷品，分布在报纸与杂志内的广告印刷为整个印刷行业创造了巨大的产值。然而，在新兴媒体的冲击下，广告的形式与多种多样，出现了多种成本更小、传播速度更快、传播范围更广的媒体，如手机、网络等。这些媒体是传统广告印刷品的强有力竞争者，例如直邮广告就受到了很大冲击。

表 2-1　2002—2012 年全球印刷品市场　　　　　　　　　　　　　　　　　　　百万欧元

	2002 年	2007 年	2012 年	2002—2007 年增幅/%	2007—2012 年增幅/%	2002—2012 年增幅/%
书籍	27136.8	29693.6	31041.1	9.4	4.5	14.4
目录	27262.4	26697.1	25391.0	-2.1	-4.9	-6.9
说明书	8702.7	9251.8	9363.0	6.3	1.2	7.6
杂志	45637.9	49942.9	52948.4	9.4	6.0	16.0
报纸	34859.2	37766.3	39324.1	8.4	4.1	12.8
广告	44054.9	48735.1	52023.7	10.6	6.7	18.1
商业印刷	34961.1	37199.7	38517.4	6.4	3.5	10.2
办公印刷	5155.2	4972.1	4728.1	-3.6	-4.9	-8.3
证券	7466.9	8098.1	8480.4	8.5	4.7	13.6
包装	122579.6	141284.5	151059.4	15.3	6.9	23.2
标签	18346.2	20284.4	21251.1	10.6	4.8	15.8
其他	71226.7	77366.0	84182.6	8.6	8.8	18.2
总计	447389.6	491291.6	518310.3	9.8	5.5	15.9

近年来，包装印刷的势头强劲，这主要得益于其与增值物流管理的有效结合，有力地推动了两者的共同发展。在制造业不断向低成本地区迁移的形势下，包装印刷公司也在努力保证包装印刷的高产品附加价值。目录与办公印刷的发展并不是很乐观，出现了负增长，主要的原因是强大的数据库、网络信息检索功能和高效的无纸化办公系统在不断抢占它们的市场份额。

图 2-1 为 2007 年全球印刷品的市场份额划分，其中，包装印刷品以 28.8% 的绝对优势居首位。值得一提的是，除包装印刷外，2002—2007 年，市场份额增长的产品只有广告印刷品与标签印刷品两类。

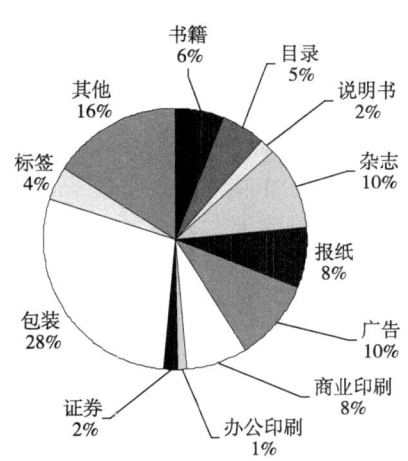

图 2-1　2007 年全球印刷品市场份额

【案例二】近十年全球印刷工艺市场分析

英国 Pira 咨询公司的《The Future of Global Printing to 2012》报告数据还从不同方面对 2002—2012 年十年间全球印刷工艺市场作了简要分析与预测。如表 2-2 所示。

表 2-2　2002—2012 年全球印刷工艺市场　　　　　　　　　　　　　　　百万欧元

	2002 年	2007 年	2012 年	2002—2007 年增幅/%	2007—2012 年增幅/%	2002—2012 年增幅/%
胶印	234474.7	246403.7	232468.5	5.1	-5.7	-0.9
凹印	57427.8	57773.3	51785.4	0.6	-10.4	-9.8
柔印	93635.5	100725.1	97266.2	7.6	-3.5	3.8
丝网	17163.6	15366.0	12316.0	10.5	-19.8	-28.2
凸印	9078.2	8542.2	6345.3	-5.9	-25.7	-30.1
激光成像	14588.5	35480.6	78656.0	143.2	121.7	439.2
喷墨印刷	9642.8	18409.7	31873.5	90.9	73.1	230.5
其他	11378.6	8601.7	7640.1	-24.4	-11.2	-32.9
总计	447389.7	491302.3	518351	9.8	5.5	15.9

各印刷工艺市场发生的变化较大，虽然总体产值保持增长，但不同工艺间的差距巨大。

平版印刷方式的产值依旧可观，特别是单张纸胶印仍保持增长态势，这是因为胶印技术相对成熟和稳定，产品成本低、质量好，先进技术如计算机直接制版技术和数字化工作流程应用的时间久、普及程度高，提升了单张纸胶印的质量和效率。

过去包装印刷常用的印刷方式——凹版印刷，因其油墨污染较大而受到影响，并且随着其他新型印刷成像质量的提升，凹版的印刷质量优势不再显著。虽然相关投资刺激了发展，但凹版印刷的长期前景不容乐观。相对地，使用环保水性油墨的柔性版印刷发展良好，灵活的印刷适性与品质的提升是柔性版印刷应用日益广泛的原因。

同凹印一样，丝网印刷同样面临着问题。作为印刷市场的新生力量，以激光成像和喷墨技术为代表的数字化印刷以超乎想象的速度突飞猛进，数倍的增长幅度令人吃惊。作为适应新社会需求的代表，同时具备高成像质量与广泛印刷范围的数字印刷依然存在着巨大的发展空间（见表 2-2）。

从市场划分来看，即使份额有所减少，胶印（包括单张纸印刷、热固化印刷和冷固油墨印刷）依旧占据了印刷市场的半壁江山。其余份额较大的是具有传统优势的凹版印刷，以及经过较长时间发展累积，具有相当规模的柔性版印刷。此外，飞速发展的数字印刷中，激光成像与喷墨印刷两者相加已超过 10%，正是由于它们的市场扩张，导致了其余工艺所占份额的减少（见图 2-2）。

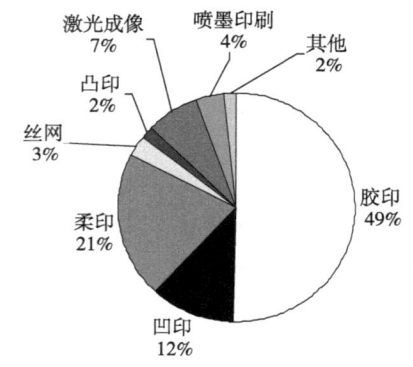

图 2-2　2007 年全球印刷工艺市场份额

【训练】

1. 请举例说明印刷市场具有哪些类型。
2. 结合所学知识与案例介绍，查询我国新闻出版总署网站上的年度统计资料做一份印刷市场调研报告。

第二节　印刷企业经营管理

【任务】认识业务订单知识，了解客户类型。

【分析】业务订单与产品报价是经营管理中的重要工作技能，通过此节学习再结合案例说明可让学生初步接触并了解业务岗位内容。

印刷企业的经营离不开印刷业务，而印刷业务又多种多样，尤其是在目前印刷市场竞争激烈的情形下，社会需求日益多样，印刷品更加个性化、复杂化、多样化，不同客户之间的要求也有很大差异。要拓展印刷业务，必须加强管理，因此，经营管理是企业管理中的一项重要内容。

接待客户

一、印刷客户类型

1. 定期客户

定期客户对于印刷企业维持生产有序进行是非常重要的，所以对定期客户的管理与服务是一项长期且重要的管理工作。

2. 短期客户

短期客户往往都是社会散件，来自于此类客户的业务很不稳定，可能只做一次，也可能做若干次，甚至发展成为定期客户。

3. 重点客户

重点客户一般具备以下特征：一是印数大，二是影响大，三是效益好。通常这些特征具备一、二项即可作为重点客户。

二、印刷客户管理

表2-3为客户档案表，通常客户档案要求比较详细，甚至要求将客户喜好也做明确记录，从此可看出客户对产品质量的态度以及交往的和谐程度。对于记录中的后几项，主要用于反映该客户的主要产品类型，使企业做到在工艺、设备与操作人员方面都有所了解与准备。

1. 重点客户管理

重点客户对于印刷企业而言至关重要，必须尽力维持良好合作关系，必须有明确的客户记录。对于此类客户，印刷企业要尽可能为其创造条件，原则上可安排专门人员为其提供服务，确保每个环节都处于临近状态，最终能保质、保量、保时地完成业务。

表2-3 客户档案表

序号	姓名	单位	地址	电话	邮箱网站	主要产品	偏好颜色	外向程度
1	×××	×出版社	×路×号	13××××				
2								

2．一般客户管理

一般客户指那些零散或随机客户，可以是定期客户也可以是短期客户，定期客户须定期拜访，维持与客户的稳定关系；短期客户要注意拓展客户的印刷需求，使其认可并乐意宣传企业的印刷服务。

3．特殊用户管理

印刷企业有时会接触到一些特殊关系的客户，比如有些客户是知名画家、摄影家，虽印活不多，但社会影响大，可带来其他效益，所以企业可考虑通过提供低价优质的服务让客户替自己多做宣传。同时，对于一些不良声誉的客户，企业也要注意。

三、印刷业务承接要求

由于印刷企业的加工特性，决定客户在生产经营中的特殊地位，印刷企业通常是尽可能满足客户的各种要求。但是，印刷企业的业务人员在承接业务时，也要把握相应的原则。业务人员必须首先了解新闻出版行业相关的政策法规，掌握编辑工作的基础理论知识与版权知识，熟悉编辑出版、印刷工艺流程及技术要求，掌握印刷成本核算的基本原则。

四、印刷业务订单

业务订单一般包含下面几部分的内容。

1．客户信息

除客户的基本信息外，还应有法人代表及该公司资质的相关信息。此外，联系人的相关信息一定要齐全，便于印刷加工期间随时可以联系，以防中间出现产品改动。

2．产品信息

如幅面、数量、用纸类型、交货时间、地点、回款方式。产品的幅面一定要确认清楚，包括确定用纸的大小，正度或大度纸等。印品数量将决定用纸令数、加放数等。用纸类型也必须明确，由于产品往往使用不止一种纸，就更应标注清楚。图像或文字的位置、大小及字号等信息也必须齐全、明确。最后有关交货时间、地点、回款方式等信息都具备后即可下单进入生产过程。

3．设计内容

对于一些社会上的散件业务，可能企业须负责设计，并以幅面为收费依据计入工价，因此，如设计背景、单位现状、产品目的等也尽可能在工单上注明。

4．制作内容

包括扫描、图像处理、图文组合拼版、发排、打样。

5．印刷内容

包括印刷需用几色、印金或银、专色、上光等都要标明。此外对于特别注重颜色或重点部位最好也要标明。

6. 印后加工

印后加工工序较多，不同产品的后加工过程也差别较大，容易出现漏项，所以一定要将所有要求清楚无漏地填写好。

7. 原辅材料

包括 PS 版、纸张、油墨、橡皮布、胶等生产使用材料。由于材料价格经常变动，所以此项必须单独计算。

8. 其他特殊要求

如打包、送货、塑封等，根据客户的使用要求，详细标明。

工单确定后，即可形成合同，由客户签字盖章认可。

五、印刷品报价

产品报价直接关系到印刷企业的利润，也会影响到企业的业务量与客户满意程度，所以是至关重要的。

产品的报价费用一般由四部分组成：材料费用、加工工序费用、发行费用、管理费用等。

1. 材料费用

纸张、油墨、橡皮布、版材、胶以及其他辅助材料，这些材料产生的费用都是材料费用，其中纸张与版材由于用量大必须单独计算，其他材料可视情况而定。特别是纸张费用，基本占了总量的三分之二，所以最为重要。一般根据印数计算用纸令数，再加上各环节所需的加放数，最后得出总令数，即可算出纸张成本。

2. 工序费用

工序费用所指工序包括制版（如设计、扫描、组版、出片、打样），印刷（如单色、双色或四色、专色、银或金等），装订（如上光、覆膜、烫金、折页、锁线、捆书、胶装、骑马订、精装、包装等）。由于各印品的工序相差较大，因此工序费用也是容易出错的地方。

3. 发行费用

部分产品由于是客户委托印刷企业代办发行，在发行过程中要发生很多费用，如贴标签、运输、发送、通信等相关环节。

4. 管理费用

管理费用包括：材料管理、成品管理、人员服务、税务成本等项目产生的费用。有时印刷企业在报价时会将利润一项计入到管理费用当中，而且管理费用一般会算到加工总成本的 20%～30%。材料管理费用主要是由于印刷用纸无论是客户自带还是企业代购，都会发生库存、运输或人员等管理费用。而客户在收货时有些习惯将印刷企业当做自己的库房，会产生成品管理费用。

六、客户校稿与交货手续

为了获取客户的满意，完善企业与客户之间的产品验收与交货手续是不可或缺的。正确履行校稿与交货手续，能够及时得到产品质量的信息反馈，合理有效地安排生产计划，降低企业风险等。

校稿时，应要求客户重视校稿，注意文字、规格、色样、交货时间等，并让客户核准签字。交货时要让客户验收，介绍产品优点，令客户满意。校稿、加工、交货程序如图2-3所示。

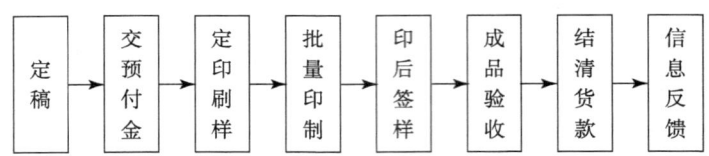

图 2-3　校稿、加工、交货程序

【案例】 报价案例

假如有一本正16开，476页的书，印数80000册，封面正反8色，内文黑色，胶装，计算其报价。

1．制版费用

封面设计费用，通常按页来计算，封面正反4页，每页按50元计算，设计费用共200元。这种设计只是指简单的设计，如果是复杂设计，可能每页需要更多费用。

内文制作费用，内文为单黑，其主要是排版、组版，另有少量简单设计，每页制版费用一般为20元左右，内文设计费用计为9520元。

出片费用，按页（16开）计算，20元/页，色彩按颜色数计算，9520 + 320 = 9840元。

打样费用，通常数码打样或传统打样都按页计算，10元/页，计4920元。

制版总费用 = 200 + 9520 + 9840 + 4920 = 24480元。

2．印刷费用

封面按每对开4个计算，相当于对开20000张（对开20令），印刷费用 = 20 × 4 × 2 × 25 = 4000元。

内文按每对开8页计算，相当于对开10000张，需用纸300令，印刷费用 = 300 × 15 × 2 = 9000元。

印刷总费用 = 4000 + 9000 = 13000元。

3．材料费用

封面纸张 20 × 800 × 1.1 = 17600元（前后所有工序纸张加放总数为10%，单印刷一般为0.8%）

内文纸张 300 × 200 × 1.1 = 66000元

PS版费用：封面 60 × 8 = 480元，内文 60 × 60 = 3600元，共计4080元。

材料总费用为 17600 + 66000 + 4080 = 87680元。

4．装订费用

装订费用由折页、捆书、胶装、裁切等组成，可以单独计算，也可以综合计算，一般100页以内的书，胶装费用不能低于0.2元，本书胶装费用不应低于0.8元。故胶装总费用 0.8 × 80000 = 64000元。

5．发行费用

按每册1元计算，总费用为80000元。

6．打包费用

按每包 20 本 0.5 元计算，打包费用为 4000×0.5=2000 元。

7．管理费用

如果客户自带纸张，只收部分管理费用，包括人工服务费用、税费等，按总价的 20% 计算。

此前各项费用和为 24480+13000+87680+64000+80000+2000=271160 元，加管理费用后总费用为 271160×1.2=325392 元。故每本书印刷成本为 4.067 元，除去发行费用为 3.067 元。

【训练】

说明印刷品报价由哪些费用组成。

第三章 印刷企业生产管理

【应知要点】
1. 掌握生产管理的基本原理与知识。
2. 掌握生产计划与调度知识。
3. 了解生产现场管理知识。

【应会要点】
1. 能编制简单的生产指令表。
2. 清楚 5S 管理的要求。

第一节 印刷企业生产管理概述

【任务】认识生产管理基础知识，了解印刷生产计划与调度的特征。

【分析】通过此节学习使学生了解印刷企业生产管理的基础知识与理论，对印刷生产的类型有一个正确的认识，更好地理解印刷调度的工作要求。

印刷企业业务人员根据客户要求形成业务订单后，会及时将业务交各生产部门安排印刷，而印刷企业生产管理就是要确保生产任务顺利完成。只有保质、保量、按时将印刷品交给客户，才能获取赢利，所以生产管理是企业管理的重点与核心。

一、生产的概念

所谓生产，就是一切社会组织利用资源将输入转化为输出的过程。输入可以是原材料、顾客、劳动力以及机器设备等。输出的是有形的产品和无形的服务。输入不同于输出，这就需要转化。典型的转化过程有以下几种：物理过程（例如印刷）；位置移动过程（例如运输）；交易过程（例如销售）；生理过程（例如医疗、保健）；信息过程（例如电信）。表 3-1 列出了典型社会组织的输入、转化和输出的内容。

表 3-1　典型社会组织的输入、转化和输出

社会组织	主要输入	转化	主要输出
印刷企业	原稿、纸张、油墨等	印刷制作	各类印刷品
物流公司	甲地的物资	位移	乙地的物资
餐厅	饥饿的顾客	食物	满意的顾客
医院	病人	诊断与治疗	健康
大学	高中毕业生	教学	技术人才

二、印刷企业生产类型

印刷企业的生产，从生产类型上来讲，一般属于订货型生产。订货型生产又称"按订单制造"式生产，是指按用户订单进行的生产，生产的是顾客所要求的特定产品。用户可能对产品提出各种各样的要求，经过协商和谈判，以协议或合同的形式确认对产品性能、质量、数量和交货期的要求，然后组织设计和制造。

订货型生产在产品、交货期、设备、人员等方面的特征，如表 3-2 所示。

表 3-2　订货型生产的特征

项目	订货型生产
产品	按用户要求生产，无标准产品
对产品的需求	难以预测
价格	订货时确定
交货期	很重要，订货时决定
设备	多采用通用设备
人员	需多种操作技能

印刷生产管理的任务是：按照合同约定或市场需求的印刷产品品种、质量及企业制订的产品成本计划完成生产任务。生产中应该严格控制产品成本，提升产品品质，确保交货期。

三、生产管理基础知识

1. 生产管理的目标与内容

生产管理所追求的目标就是：高效、灵活、准时、清洁地生产合格的产品和提供满意的服务。其目标体现低成本、合格质量、满意服务、准时性和清洁地生产五方面的特征。

生产管理的核心内容是生产计划和生产调度。生产计划主要解决生产什么、生产多少和何时完成的问题，包括编制生产作业计划，做好资源的组织，人员班次安排，统计生产进展情况等。生产调度主要解决如何保证按计划完成任务的问题，其目的是保证各生产单元生产计划的按期完工，产品按期出产。

2. 生产计划与调度的职能

生产计划分为长期的生产任务计划和具体的生产作业计划。前者主要是企业或车间

作出的长期的生产任务规划，一般以年、季度、月、周为时间单位。生产作业计划主要是对具体生产作业的安排，涉及具体生产时间和设备，一般以天、时、分为时间单位。生产作业计划包括工艺计划、物料需求计划、车间生产计划等。生产调度是对生产作业计划的执行。生产调度以生产作业计划为依据，生产作业计划通过生产调度来实现。

生产调度的职能是：

（1）对各个作业生产设计工艺计划，配置相关的原材料、设备和人员，在安排的过程中要实现需求能力和实际生产能力的基本平衡。

（2）根据优先的顺序安排完成工作任务的先后次序，决定生产的顺序。

（3）安排整个生产的进度和日程，根据日程完成工作任务，实施作业计划。

（4）对工作任务在各个工作点的情况进行跟踪和监督，进行监控。

（5）在工作任务与计划发生脱节时，进行及时地调整，使工作回到正常的轨道。

3．生产计划与调度的准则

（1）按时完成任务的原则。每个生产任务都有不同的交货期要求，管理人员要精心策划和安排，尽可能地满足所有任务的交货期要求。如果因为生产能力的限制等因素而不能保证所有任务都按时完成，也应使延期损失最小。

（2）充分利用原则。即减少设备和工件的等待时间。工件等待时间是指工件在某道工序完成之后，执行下一道工序的设备还在作业，工件还要等待一段时间才能进入下一道工序。而设备等待时间是指某个设备已经完成对某个工件的加工，但随后的工件尚未到达，使设备空闲的一段时间。这两种等待时间都会给生产带来一定的损失。为了保证生产资源的充分利用，应该尽量减少这两种等待的时间。

（3）工件在车间的流程时间最短原则。工件在车间的流程时间，也就是工件的停留时间，是从上一工序的工件到达车间起，直到被加工完毕离开车间的全部时间，一般包括到达车间后等待时间（工件等待时间）和工件在印刷设备上加工所花费的时间。由于工件的加工时间取决于技术性因素，它一般是固定的，因此工件的等待时间越短，工件在车间的停留时间越短，工件在车间的停留时间也就相对比较短。

（4）车间在制品的数量最少，停放时间最短原则。在制品是对从原材料纸张到印刷成品入库过程中尚未完工的所有半成品的总称。在制品是生产过程中的物化。在制品数量越多，或者在车间的停留时间越长，对资金占用也就越多，流动资金的周转速度越慢，企业损失越大。因此，在作业的安排上要考虑在制品的影响。

四、印刷生产计划与调度的特点及目标

1．印刷生产计划与调度的特点

印刷生产可视为半流程式生产，工序虽然连续，但工序之间可以存在间歇。印刷生产与一般制造企业生产相似，因此可以引用它们的计划与调度方法，但印刷生产又有其独特之处。在各类印刷中，报纸印刷的生产状况通常相对稳定，所以这里以报纸印刷为例，总结其生产特点有：

（1）周期性。报纸印刷的主要活件是日报、周报。日报的版数、色版设置、每天的发行数量基本上相同，如果有变动，一般也是以周为单位循环。因此报纸印刷生产调度可以先以天为单位，确定天调度方案后，稍加变动即可确定周调度方案。

（2）复杂性。报纸印刷生产调度问题可以看做平行加工设备组的调度问题。但报纸种类多，不同报纸的印数、版数、开数、尺寸不一定是相同的，印刷设备不具有一致性。这样，活件与设备之间存在选择性，调度中约束条件增多，很难优化。

（3）时效要求高。报社为了推迟截稿时间，预留给印刷生产的时间非常短，有的报纸零点过后才传版，早上5点就要上市。因此，报纸印刷生产调度要保证整个生产时间尽可能短，所有生产任务都必须按时完成。

（4）需要一定准备时间。一台印刷设备在印完一种报纸，进行下一作业时，需要换版，有的还需要换纸、换墨，这些都会消耗印刷生产时间。

2. 印刷生产计划与调度的目标

印刷生产调度的目标，以报纸印刷为例，其生产调度的最主要目标是最大限度地缩短印刷生产时间，保证按时交报。报纸印量大，为了缩短印刷时间，通常使用多台设备同时进行印刷。因此其生产调度问题是多台设备并行加工问题，其调度目标为合理地将活件安排到各个印刷设备，使整个作业的时间跨度达到最小值。

保证生产的稳定性也是调度的目标。在报纸印刷生产过程中，可能会出现许多紧急情况，比如突然加印，出现内容或规格错误而需重新印刷，印刷机械出现故障等。报纸印刷一般是没有预留期的，出现问题需要马上重新调度，调整生产。

【训练】

1. 请说明印刷生产是何种类型，特征如何。
2. 请说明印刷生产计划与调度的特点有哪些。

第二节 印刷生产运作管理

【任务】认识印刷生产计划与调度基本知识，初步掌握生产计划与调度工作技能。

【分析】在学习过程中，结合案例介绍，有条件可安排到印刷企业参观见习，使学生学会如何进行简单的生产调度规划。

印刷生产车间

一、印刷生产基本工作流程

印刷生产的工作流程主要是：生产工艺部门依据业务订单编制生产工艺，生产调度部门再依据生产工艺确定生产进度。然后生产部要求相关生产部门如晒版、胶印、印后或发货等部门具体执行。供应部门要根据生产工单的需要准备纸张、油墨、版材等相关材料，尤其重要的是纸张，选纸时要考虑厂家、定量、类型、幅面和数量等因素，油墨与版材也比较重要。晒版部门根据工单要求进行拼版和晒版，为印刷部门准备好上机所用的印版。当印刷机台在接到工单后，就到裁切部门取纸，再安排印刷。印刷完成后进行检验，包括检查质量与数量，之后送半成品到印后车间按工单要求进行后加工，最后进行成品检验，直至出货。

二、印刷车间生产部工作流程

印刷企业的生产部是整个印刷生产的指挥中心，通常是由工艺室和调度室两个科室组成。工艺室负责编制生产传票，调度室负责安排生产进度。生产部的工作流程主要有：

（1）确认收到的上级调度指令或业务订单，要求送达人员与接收人员共同签字确认，表3-3为某企业的工单接收确认函。

表3-3 工单接收确认函

工单接收确认函				
产品名称	胶片（数量）	样张	电子文件	备注
A公司说明书	5张	有样张，数码样	无	与上次印刷相近
送达人签字		接收人签字		

（2）仔细阅读，理解订单要求。对于订单上的各项信息要认真研究，不可误解，有疑问的地方要与送达人确认，不能仅凭个人经验作出判断。

（3）根据订单编制工艺，在对订单全面核对后，可进行生产工艺的编制工作。

（4）同组工艺人员交叉审查生产传票，由于同组工艺人员相互比较熟悉，容易发现有问题的地方。

（5）工艺组长审查或业务经理审查，组长审查签字后才可将生产传票下达到生产执行部门。

（6）问题整改，检查出问题后，工艺人员应根据要求进行整改。

（7）编制生产进度表，形成生产传票。生产进度表的制作是根据各订单的时间要求而定，一般按订单的时间顺序和工单的难度、客户要求时间等综合考虑。

（8）总体审查并下达指令。总调度对工艺及生产进度进行全面综合审查后，生产传票的制作就算完成，即可下达指令。

三、生产传票的制作

生产传票一般由六部分内容组成：

第一部分：客户基本资料，如单位、产品名称、数量、联系方式、单位地址和收货单位地址等。

第二部分：产品的基本要求，如开本、页数、数量等。

第三部分：制版要求，如曲线选择、网线数等。

第四部分：晒版要求，如自翻版或连晒等。

第五部分：印刷要求，如印几色、选什么纸、纸张数量（含加放数），选用什么印刷设备等。

第六部分：装订要求，如几折页、锁线、捆书或压平、精装、塑封、包装等。

四、印刷生产调度

生产调度通过生产传票来实现。印刷生产调度可分为传统调度和电子化调度两种方式。

传统调度采用纸质生产施工单，开单方式有手工开单和打印开单。一个印刷活件配一个生产施工单，记录生产作业的所有信息，包括设备安排、生产时间等。各车间部门根据工单配置资源和进行生产。如图3-1所示为某校办印刷厂的生产施工单。

传统调度通过看板实现。每个车间、每个机台都有自己的看板，各种作业单放置在看板上，根据看板上的作业单进行生产，如图3-2所示。传统调度方式简单、直观，但信息反馈速度慢，很多企业还采用二级调度（车间调度）形式。

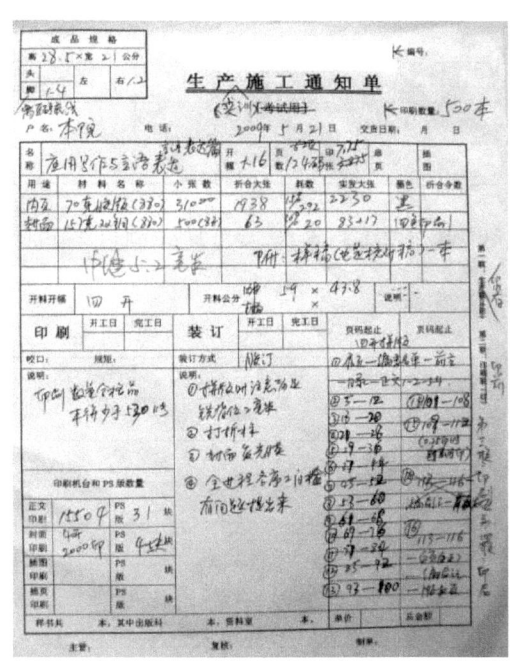

图3-1　印刷生产施工单　　　　　　图3-2　印刷生产看样台

电子化调度采用电子传票方式，也就是将纸本工单电子化。电子化调度是随着印刷ERP系统（印刷企业资源计划，为企业定制的集成化管理信息系统）而产生的。ERP系统中的生产管理模块提供生产调度平台。利用该平台，生产作业信息以电子传票的方式在各车间部门中传递。ERP软件将印刷生产调度大大地向前推进了一步，但是ERP

软件不涉及详细的生产调度。对于具体印刷作业的计划还需要靠调度员来安排，调度的好坏与调度员的生产经验和管理能力有很大的关系。

五、简单的印刷生产运作管理

对于一些中小型印刷企业，由于规模较小，业务量与设备数不多，其生产运作管理比较简单。在进行生产运作管理时，生产指令由生产部负责下达，生产部将业务订单转换为生产上可执行的指令。生产指令的编写应严格按照印刷工艺流程进行。如表3-4所示为编制生产指令表。

表3-4 编制生产指令表

序号	项目	内容	设备	材料	操作人员	时间
1	扫描	20张图片放大成A4	扫描仪	无		
2	拼版	32页说明书	苹果电脑	无		
3	出片	大32开输出	激光照排机	柯达胶片3米		
4	打样	出样稿	专用设备	专用材料		
5	签样	用户确认	无	无		
6	印刷	2个印张，正反共8色	海德堡CD102四色	客户自带纸		
7	折页	32开扇形折	紫虹折页机	无		
8	胶装	500本带勒口	TSK胶订线	无锡胶		
9	覆膜	封面覆膜	盛田	专用材料		
10	发货	送到机场	卡车	无		
11	回执	上交财务	无	无		

生产指令编制完成后，可据此编写生产进度表，如表3-5所示为某印刷设备与印后设备的生产进度表。

表3-5 生产进度表

设备：海德堡印刷机

序号	项目	内容要求	材料	操作人员	时间
1	A公司画册	6万印，正反四色	纸自带，128正度对开		
2	B公司说明书	5万印	大度对开157		
3	C公司杂志	10万印	纸自带，128正度对开		
4	D公司海报	20万印	120胶版纸		

设备：STAR折页机

序号	项目	内容要求	材料	操作人员	时间
1	某书刊	6万印，16开垂直交叉折	正度对开胶版纸		
2	宣传画	5万印，32开	大度对开157铜版纸		
3	说明书	10万印	正度对开80胶版纸		
4	小学教材	20万印	正度对开52胶版纸		

六、复杂的印刷生产运作管理

对于规模较大、管理严谨的大中型印刷企业,其生产运作管理更为复杂,生产调度的优化也更为重要。合理、科学的生产计划与调度可以帮助企业缩短生产周期,保证生产的连续性,降低物耗,提高设备利用率。通过以下案例进行介绍。

【案例】印刷生产调度案例

以某印刷厂的报纸印刷生产为例,介绍其生产运作管理情况。

1. 印刷活件分析

某厂承印20多种报纸,有地方性日报、周报,代印日报、周报,还有一些高校学报、临时报纸等。种类多,样式也多,主要报纸及其印刷要求如表3-6所示。

表3-6 主要的报纸印刷活件

报纸活件	基本开版	版面常用颜色	假定基本印数	最后清样时间	最后交报时间	备注
日报一	四开32版	4+4,1+1	100万份	1:00	6:30	两者为正副刊,一起发行
日报二	四开24版	4+4,1+1	100万份	18:00	6:30	
日报三	四开24版	4+4,2+2,1+1	40万份	1:30	6:30	
日报四	四开16版	4+4,2+2,1+1	40万份	18:30	6:30	
日报五	对开12版	4+4,2+2	20万份	2:00	6:30	
日报六	四开8版	1+1	10万份	23:30	6:30	
……	多种日报,版数不多,印数1万~2万份					
周报一	四开8版	4+4	20万份		6:30	
……	多种周报,印数5万份以下,大多数都可以提前印刷					
临时小报	印数未定,一般2万份以下,印刷预留时间长					

注:印数以份数计算,报纸的版面数与印数是变动的,这里采用大概数字;4+4表示报纸正反面都是彩色的;2+2表示正反面都是双色的(也称套红);1+1表示正反面都是单色的。

2. 设备分析

该厂的主要生产设备有PS拼版、晒版机多台,CTP制版生产线2条(每条CTP生产线的制版能力为100块/时左右),各类报纸印刷机9台。进行生产计划与调度,首先要找到工艺中的瓶颈工序。工序中生产能力最低的为瓶颈工序,决定整体生产能力,是整个工艺的最大限制因素。

在印前工序中,该公司采用传统PS制版与CTP制版结合的方式,印量大、印版多的日报采用CTP制版,其他报纸采用传统制版。由于制版设备多、速度快,能满足印刷的需求。报纸印刷的印后加工只有打捆,一般的报纸印刷机都配置了收报、打捆单元,与印刷实现一体化,对印刷速度没有影响。

因此,报纸印刷中的瓶颈工序为印刷,它决定了整个报纸印刷的生产能力。选择印刷作为计划与调度的重点,来研究印刷工序中的计划与调度安排。该厂的印刷机生产能力如表3-7所示。

表 3-7 印刷机及其性能

机号	正常印速	最多印色与纸路	最大印幅/mm	备注
一号机	4 万左右	2+1	781	
二号机	15 万左右	4+4, 2+2, 2+2, 1+1	1562	二、三号机相同
三号机	15 万左右	4+4, 2+2, 2+2, 1+1	1562	
四号机	5 万左右	4+4, 2+2, 2+2	781	能印轻涂纸,单倍径滚筒
五号机	5 万左右	4+4, 2+2, 2+1	781	无存页滚筒,不能存页
六号机	5 万左右	4+1, 2+2	781	
七号机	6 万左右	4+4, 2+2, 2+2	880	七、八号机相同
八号机	6 万左右	4+4, 2+2, 2+2	880	
九号机	4 万左右	4+4, 2+2, 2+2	880	单倍径滚筒

注:印速用份/时表示;4+4 表示能正反面同时彩色印刷;4+1 表示一面印彩色,一面印单色;2+2 表示正反面同时双色印刷;2+1 表示一面双色印刷,一面单色印刷。

3. 编排印刷作业计划

进行印刷生产调度时,可以先编排印刷生产的作业计划,确定活件的生产设备和生产时间,再根据作业计划进行实时调度。

报纸印刷作业计划以周为单位,因为报纸的变化以周为单位循环。而对于主要日报,天与天之间的变动也不大,因此可先编排日印刷作业计划,然后重复日作业计划,插入周报、临时小报作业,并做适当调整,完成周印刷作业计划编制。

编制印刷作业计划时,先根据设备生产能力将活件合理地分派到印刷设备,再根据活件特性安排活件的印刷顺序。具体方法与步骤为:

(1) 对活件和设备进行分组。

对于并行加工设备组的生产调度问题,加工设备数和生产任务数越小,建立的生产调度模型越简单,也就越容易获得最佳方案。报纸印刷生产中,报纸活件和印刷设备都多,而且不同,使得生产调度问题非常复杂。为了简化问题,可以采取分组方法,将类似的报纸活件归为一组,作为一件任务,将性能相同的印刷设备归为一组。

首先对日报进行分组,将类似的报纸放在一组。主要考虑因素有印刷数量、收稿时间、开版、颜色、纸路、纸张类型等。基本分组情况如表 3-8 所示(一些规格特殊的小印量日报以及周报、临时报纸未参与分组)。

印刷设备的分组根据设备的类型而定,同一机组应能通用印版,物理位置邻近。每组中设备不能太多,最好不超过 3 台,否则又存在二级调度问题。将该公司的印刷机进行分组,如表 3-9 所示。

表 3-8 对主要活件进行分组

活件组	报纸
活件组一	日报一、二
活件组二	日报三、四
活件组三	日报五
活件组四	日报六、一些类似日报
活件组五	一些类似的小印量日报

表 3-9 对印刷机进行分组

机组	机台号
机组一	一号机
机组二	二、三号机
机组三	四、五号机
机组四	六号机
机组五	七、八、九号机

（2）优化活件组与设备组之间的组合。

进行作业安排时，先估算活件组在不同的机组中正常印刷所需的时间，如表3-10所示。根据该表来对活件组与设备组进行组合。

表3-10 活件组在各印刷机组中印刷需要的时间

任务	机组一	机组二	机组三	机组四	机组五
活件组一（200万份）	50	7	20	40	13
活件组二（80万份）	20	3	8	16	5
活件组三（20万份）	5	1	2	4	1.5
活件组四（10万份）	2.5	0.5	1	2	1

首先，活件组的安排应适合机型的要求。每台印刷机的印幅、纸路、油墨、收报折叠方式等都已经设置好了，更改设置非常浪费时间。比如将单纸路双面彩色印刷换成两纸路双面双色印刷时，仅换墨就需要半小时。因此要尽量根据印刷机设置安排活件。例如，由于印刷宽幅限制，活件组二只能安排到机组五印刷。

同时，为了保证印刷生产时间跨度最小，作业安排中应该采取生产负荷平均原则，将印量大的活件组与作业能力大的设备组组合。根据该原则，先确定最大活件组一的印刷机组为二，接着确定活件组二的印刷机组为五，以此类推。

其次，作业安排中还应遵循一个原则：小印量报纸（10万份以下）一般只安排一台印刷机印刷，而且尽量安排到小印刷机，因为小印刷机换版、换纸简单，可以减少印刷准备消耗的时间。根据表3-10和作业安排原则，得到主要活件组与机组之间的组合，如表3-11所示。

（3）安排活件生产时间。

每一活件组中存在多个活件，需要安排各个活件的印刷生产时间。总的原则是：先收到原稿的先制版印刷，上市早的报纸先印刷，印量大的报纸优先印刷。

表3-11 活件组与印刷机组的组合

活件	机组
活件组一	机组二
活件组二	机组五
活件组三	机组三
活件组四	机组一
活件组五	机组四

印刷厂收到报纸清样稿的时间基本是固定的，时事新闻报纸的送稿时间晚，留给印刷的时间短，印刷厂收稿后就必须马上制版、印刷；副刊、专刊、周刊报纸的送稿时间较早，预留给印刷的时间相对长一些，这类报纸应该预先安排印刷，争取在第一类报纸开始印刷之前完成印刷任务。

同时，对活件进行印刷顺序安排时，尽可能将类似的活件安排在一起，这样可以减少印刷设置的更改，节省准备时间。例如，同一印刷机印刷的两种报纸使用的纸张、油墨相同，则排在一起可以省去换墨、换纸操作，减少作业准备时间和损耗。

另外，由于活件分组时没有充分考虑活件的印刷时间，可能会造成印刷时间上的冲突。对于这种情况，可先在组与组之间进行适当调整。活件作业时间安排也是对活件组与印刷机组组合的合理性的检查。

（4）建立作业计划表。

通过以上步骤，建立日报的日作业计划表，如表3-12所示。

表3-12 日作业计划表

机组一	机组二		机组三		机组四	机组五		
一号机	二号机	三号机	四号机	五号机	六号机	七号机	八号机	九号机
多种小量非彩色日报	日报二	日报二	日报五	日报五	日报六	日报四	日报四	日报四
	日报一	日报一	其他		多种彩色日报	日报三	日报三	日报三

注：由于篇幅关系，没有列出每种报纸的印刷作业的具体时间安排。

在此基础上，插入规格特殊的小印量日报。再以此为重复单元，编排一周的作业计划。当然，有些报纸在一周内每天的版面数、色彩有变动，要对计划做适当的调整。

最后插入周报、临时小报的印刷作业，完成周的作业计划安排。

4. 实施动态调度

印刷生产时，根据作业计划进行调度。将每个活件的生产作业单下达到制版、印刷车间，各车间根据作业单进行生产。

但报纸的印刷生产过程中会出现一些意外情况，将作业计划打乱，如机械故障、报纸扩版、临时增加印量等。为了保证生产的稳定性，需要实施动态调度。比如，某印刷机出现故障不能进行生产时，需要将活件转移到其他印刷机，重新安排生产，通过延期来完成印刷生产，将损失减小到最低。

【训练】

1. 试说明印刷生产基本工作流程有哪些。
2. 结合此节学习内容与案例介绍，说明印刷企业的生产运作管理有哪些主要内容。

第三节 印刷生产现场管理

【任务】了解印刷企业生产现场管理的基本内容，重点掌握5S管理的具体要求。

【分析】可举例说明学生在校必须遵守各项学生行为规范与纪律，对照印刷企业制定的严谨的现场管理制度，让学生感性上认识印刷企业的生产现场管理，学习5S管理的要求与应用。

生产现场是从事产品生产和提供劳务服务的场所。对于印刷企业来讲，生产现场是进行印刷生产操作的场所，是印刷企业管理的基础，有时还是面对客户进行经营的"窗口"。

严谨的生产现场管理

一、生产现场管理概述

现场管理与生产控制有着密切的联系。现场管理也是一种控制行为，是生产控制的一个组成部分，是生产管理的日常工作之一。常见的现场管理方式有目视管理、定置管理、5S管理。

二、印刷企业的目视管理

目视管理是以生产现场的劳动者为直接对象，利用视觉信息，调节人们的行为，控制生产物流的管理方式。具体来说，就是运用图案、文字、电视信号等传递可视信息，并应以此来规范、指导、警示生产现场的员工，以求达到生产作业有序和有效进行的目的。因此，目视管理可使各种管理状态、管理方法"一目了然"，从而容易明白，易于遵守，让员工自主地理解、接受、执行各项工作。

目视管理中运用的可视信息内容一般包括作业标准、安全信息等。目视管理的具体形式多种多样，如仪表、电视、信号灯、标示牌、图表、标志线、色彩标志等。例如交通用的红绿灯：红灯停、绿灯行；排气扇上绑一根小布条，看见布条飘动就可知道正在运行；一块"值班电工去向指示板"可将值班人及其去向清楚地标明；物品放在画有标高线的墙边，一眼就能看出物品摆放是否超高等。

印刷企业的生产现场常用不同颜色的油漆画线作为地面标记。比如通道使用黄色，制品加工区使用绿色，原材料区使用蓝色，次品处理区使用红白色，废品区使用红色等。这些颜色的使用要全厂统一，并制定实施细则。特别注意应明确标示参观者及与生产无关者通道，设置"请参观者及与生产无关人员走专用通道，未经许可不得走入加工区"之类的警示牌，以保证现场生产不受干扰。

三、印刷企业的定置管理

1. 定置管理概述

定置，是将生产、工作需要的物品按照一定的要求，科学合理地固定位置。定置管理是围绕定置工作所进行的一系列管理活动。

随着生产和科学技术的高速发展，设备的数量和种类不断增加，从而要求人和机器之间有一种最佳关系，使生产和工作现场的各种物品处于最佳的使用位置，才能大大提高生产和工作效率。定置管理正是针对这一需要，实现生产现场有关的人和物的最佳结合，从而使生产现场处于有效的控制状态，创造文明的生产和工作环境，建立良好的生产和工作秩序。

2. 生产设施布置类型

生产设施布置一般有四种类型：工艺原则布置、产品原则布置、成组技术和固定布置。

（1）工艺原则布置。工艺原则布置是一种将相似的设备或功能集中放在一起，完成相同工艺加工任务。例如将所有的胶印机放在一个地方，将所有的制版设备放在另一个地方，等等。

（2）产品原则布置。产品原则布置是一种根据产品制造的步骤来安排设备或工作过程的方式，最常见的如流水线或者产品装配线。一般来说，印后加工现场都是按照产品原则布置的。

（3）成组技术。按工艺原则布置生产和服务设施，被加工对象在生产单元之间交叉往返运输，导致生产周期的延长。为此，在实践中创造了成组技术布置，将不同的机器组成加工中心（或工作单元）来对形状和工艺要求相似的零件进行加工。成组生产单元类似于产品原则布置形式，但比它具有更高的柔性，适合多品种少批量的生产方式。

（4）固定布置。固定布置是指由于产品的体积庞大或重量太重，不得不将产品位置固定，生产工人和设备都随产品所在的某一位置而移动。这种布置形式适用于大型产品的装配过程。如大型印刷机械的生产装配。

3．印刷生产车间布置

（1）印刷生产车间布置设计原则。

①统一原则：把工序四要素（人、机械、材料、作业方法）有机统一起来，并充分保持平衡。一旦四要素没有统一协调好，作业容易割裂，会增加停滞时间，增加物料搬运的次数。所以应在充分考虑四要素平衡的基础上进行布局。

②最短距离原则：配置时要使搬运距离、时间最短。移动距离越短，物料搬运所花费的费用就越省、时间就越短。

③物流顺畅原则：使工序没有堵塞，物流顺畅。物流不会出现倒流和交叉，设法使物流像水从高处流向低处那样顺畅。

④利用立体空间原则：有效利用空间，立体利用空间。在材料仓库、零件仓库等的仓库堆积通常是极狭窄放置，因此将仓库设计在网架式存储架，以达到高效率地利用三维空间。

⑤安全满意原则：布置得使工作人员既能安全又能轻松作业。确保作业人员的安全和减轻疲劳是非常重要的。材料的移动、旋转等会出现不安全状况，抬升、卸下货物会加剧作业疲劳，应尽量减少。

（2）生产车间布局改善原则。

表3–13　生产车间布局改善原则

序号	事项	指标	适用例子
1	排除	①排除不经济的作业 ②放弃不必要的作业	①取消不必要的外观检查 ②采用连续作业，废除搬运
2	连接	①集中作业 ②组合作业 ③同时作业	①将多处烫印作业集中起来 ②将印章和印泥放在一起 ③一边加工，一边检查
3	替换	①转换顺序 ②交换作业 ③用其他东西代替	①将检查工序放到前一个工序 ②将手搬运改为用手推车 ③更换材料
4	简化	①使作业变得更单纯 ②使作业变得更简单 ③使作业数量变得更少	①减少多余的功能 ②将工作分开，使之简单化 ③将零部件标准化，减少种类

四、印刷企业的现场管理措施

（1）生产运行中的纸张、产品或废次品以及随产品流动的纸台、捆书板、压书板等，都要在地面上画出明确的标记，定位存放。谁的区域谁负责，不得越界放置。

（2）生产活动中所需的墨桶、水桶、拖把、辅料以及工具等，都要定位存放，尽量放在较隐蔽处。

（3）工具柜、工作台、桌椅等都要从适用、美观角度出发，摆放不准随意挪动。

（4）工作衣鞋和餐具等有条件的放在更衣室内，无更衣室的也要规划出存放处，尽量不要在明处裸露摆放。各类物品存放位置划定后，不得随意变动。生产旺季因产品流动不畅需临时调整的，也要经车间主任协调，不能乱铺摊子占用不属于本区域的空间场地。

（5）要做到生产运作中，纸张、半成品、废（页）纸不落地。油墨、黄油、机油、汽油等除随机使用的外，全部封闭存放。做到设备、纸张、半成品上不淋水，地面无积水。

五、印刷企业的 5S 管理

5S 是整理（Seiri）、整顿（Seiton）、清扫（Seiso）、清洁（Seiketsu）、素养（Shitsuke）五项管理活动的缩写。5S 管理活动是目视管理与定置管理的有效结合。它通过整理现场，实现良好的目视管理，最终解决生产系统难以避免的各种矛盾与问题，从而使生产系统不断改善、主动适应外部环境变化，不断得到优化。5S 活动是一个按照整理、整顿、清扫、清洁和素养依次顺序并不断循环进行的过程，活动的核心是素养，经过一轮轮的循环，素养便可一次次提高。5S 活动的目的与含义如表 3-14 所示。

表 3-14　5S 活动的目的和特点

5S 管理		效果举例	目的
含义	定义		
整理	区分要与不要的东西，坚决扔掉不要的东西	①减少库存量，现场无杂物 ②场地变大，行动方便 ③清除混乱安放，避免差错 ④无徒劳的寻找时间 ⑤现场整齐，一目了然 ⑥无不安全状态 ⑦无跑、冒、滴、漏	减少成本＝①+③+④+⑦ 提高效率＝②+③+④+⑤+⑧+⑨ 提高质量＝①+③+⑧+⑪+⑬+⑭
整顿	必要的东西定位放置，使用时随时能拿到手		
清扫	将灰尘、油污、垃圾清除干净	⑧提高设备清洁度，良好润滑 ⑨在清扫设备时进行检查	减少故障＝⑦+⑧+⑨+⑪+⑬+⑭
清洁	前三项的坚持与深入，保持清洁	⑩切屑不落地，地面清洁 ⑪车间环境变为愉快的工作环境 ⑫消除发生灾害的根源	安全保证＝②+⑤+⑥+⑩+⑪+⑫+⑬+⑭ 提高工作热情＝⑤+⑩+⑪+⑬+⑭+⑮
素养	遵守规章制度、道德品质、修养	⑬执行标准，减少疏忽 ⑭自觉遵守规章制度 ⑮改善人际关系，增强集体意识	

【案例】某印刷企业的现场管理状况

某民营企业,是一家有 500 多名员工的中小型企业,经过前几年的快速发展,老板发现,企业发展陷入了停滞状态。尽管自己每天都在忙忙碌碌,依旧没带来多大的改观,至于把企业做大,他就更没有信心了。

某日,老板在又一次对工厂生产车间进行巡视之后,对这些日子的巡视结果进行了如下总结。

1. 车间里每天安排 4 名工人搬运半成品,但车间主任还说人手太少,若要增加搬运工,又会增加人工成本,该如何抉择?

2. 各车间的成品、不良品、半成品及原料四处摆放,无标志、无区分,出货有时少数量,找不到,待出货后又冒了出来,让人哭笑不得。

3. 工具随意放置,常有丢失现象发生,不得已重复申请购买。并且,因工具丢失,工人间时常发生争吵,怀疑对方偷窃。

4. 机台经常因故障临时停机,一维修就花去半天工夫,还缺少相关零部件;电动搬运车等辅助设施日常缺乏保养,一旦出问题,便措手不及,找不到零配件。

5. 私人物品到处乱放,衣服、雨伞、梳子等放在机器或者窗户上。在车间里,有些工人经常利用工作时间做私事,有的玩手机,有的听 MP3,有的干脆一直戴着耳机。

6. 地面很脏,天花板上的蜘蛛网随处可见,出货的电梯门一直敞开,还曾经发生过事故。

7. 虽然意识到了这些问题,但仍有不少管理人员认为,这些都是小问题,只要能出货,客户的钱能收回就好。

8. 更为严重的问题是,出货老是拖期,产品质量无法控制,客户抱怨加大,与此同时,产品成本增加,价格又下降。

这些现象都是日常生产中经常遇到的,时间一久,公司上下均习以为常,这些"小"问题也就日积月累,成为顽疾,阻碍了企业的进一步发展,那么如何解决这些"顽疾"呢?

请大家针对上面的企业现场情况介绍,畅所欲言地谈谈自己对此企业管理现状都有哪些改进想法。

【训练】

1. 请说明什么是生产现场管理。
2. 结合此节学习内容与案例介绍,说明 5S 管理的内容,并就案例内容提出管理改进意见。

第四章 印刷企业质量管理

【应知要点】
1. 掌握质量管理的基本原理与知识。
2. 了解全面质量管理与 ISO 9000 族标准。
3. 掌握印刷品质量管理工作相关知识。
4. 了解印刷质量控制方法。

【应会要点】
1. 清楚印刷品质量特性。
2. 掌握印刷品质量管理方法。

第一节 印刷企业质量管理概述

【任务】认识印刷品质量要求与特性，了解全面质量管理与 ISO 9000 族标准。

【分析】通过学习印刷品质量特性与标准对印刷品质量加深认识，再结合全面质量管理与 ISO 9000 族标准的有关知识，建立应有的质量意识。

2000 版 ISO 9000 族标准将质量的概念描述为：一组固有特性满足要求的程度。所谓特性是指可区分的特征，如物理方面的特征、感官上的特征、组织或行为特征、功能性的特征等。

一、印刷品质量

1. 印刷品质量概念

印刷品质量，是印刷品各种外观特性的综合效果。从印刷技术的角度考虑，所谓印刷品的外观特性，对于不同类型的印刷产品具有不同的内涵。比如，对于线条或实地印刷品，应该要求墨色厚实、均匀、光泽好、文字不花、清晰度高、套印精度好，没有透印和背凸过重，没

印刷质量控制

有背面蹭脏等。对于彩色网点印刷品，应该要求阶调和色彩再现忠实于原稿，墨色均匀、光泽好、网点不变形、套印准确，没有重影、透印、各种杠子、背面蹭脏及机械痕迹。

2. 印刷品质量特性

印刷品具有工业产品的一般质量特性，如理化性能，同时也有产品的特殊质量特性，如外观、正确性、防伪性等。

（1）理化性能。无论是书刊印刷品还是包装印刷品，都有严格的尺寸要求，一些产品还有坚固、防水、防碱、耐晒等标准。

（2）外观性能。印刷品的外观是很重要的一项质量特性，对包装装潢印刷品则更为重要。产品包装装潢具有维护产品质量、美化商品、确保安全、防止污染、便于储运、便于计量和指导消费等多种功能。近年来我国书刊的外观要求也不断提高，特别是在封面印刷、装帧设计、新材料及新工艺的使用等方面发展很快。

（3）正确性。书刊排版对文字的要求是与原稿完全一致的，一字之错造成的返工、报废可能带来重大经济损失。包装装潢产品的文字说明虽然字数不多，但在产品成分、保质期等文字上出现差错，会对产品的使用造成不良影响。

（4）防伪性。为防止产品被仿造，有些客户会要求在包装装潢上采用新的特殊的工艺和材料防止伪造。大面积的电化铝烫印、激光全息印刷、磁卡、智能化标签等都有较好的防伪作用。

二、质量管理过程

质量管理过程包括质量策划、质量控制、质量保证与质量改进，其具体过程如图4-1所示。

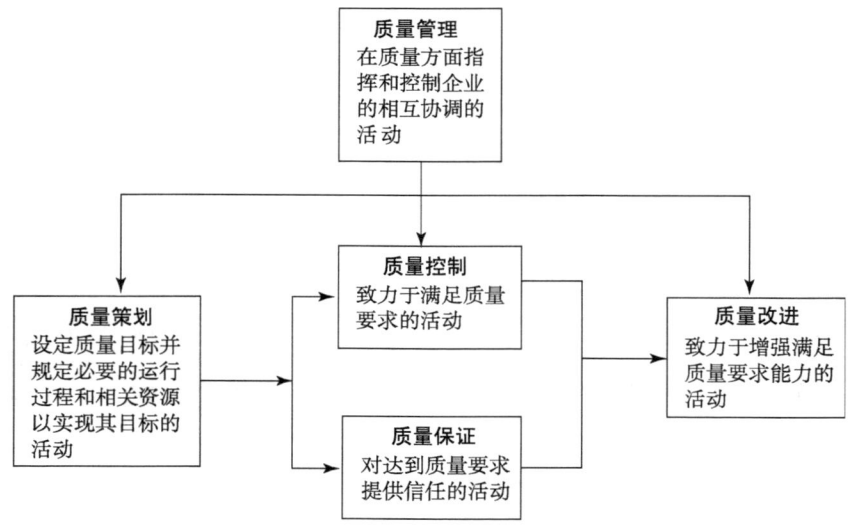

图4-1 质量管理过程

三、全面质量管理

全面质量管理，简称 TQM，是组织企业全体职工和相关部门参加，综合运用现代科学管理技术成果，控制影响质量形成全过程的各因素，以经济的研制、生产和提供顾客满意的产品和服务为目的的系统管理活动。

全面质量管理的基本观点为：

（1）为用户服务。全面质量管理的一切活动都以为用户服务作为指导思想，以为用户提供满意的产品和服务为目标。在这里所指的"用户"不仅指本企业产品的用户，而且包括企业生产和工作中的下道工序。"下道工序就是用户"，下道工序的要求就是前道工序的质量目标，每道工序都为下道工序着想，"以用户为中心"。这样，各个工作环节之间相互协调，相互促进，切实保证了本环节的工作质量，从而使企业的质量工作得到保证。

（2）以预防为主。全面质量管理认为，产品质量是在设计、制造、流通和使用过程中逐步形成的，必须以预防为主，把管理的重点从产品的事后检验，转变为对质量形成因素进行控制，把不合格品消灭在产品的形成过程中。

（3）用数据说话。全面质量管理强调用数据和事实来分析处理各种问题。通过掌握真实可靠的数据并进行分析、整理，从而掌握质量波动的规律，发现质量问题，采用适当措施进行控制。这就使定性管理变为定量管理，提高了管理的准确性和科学性。

四、ISO 9000 族标准

1. ISO 9000 族标准（2000 版）的基本内容

2000 版 ISO 9000 族标准由四项核心标准和一系列支持性标准和文件组成。四项核心标准是：

（1）ISO 9000《质量管理体系基础和术语》，它阐明了质量管理体系的基础知识，规定了质量管理体系的术语和基本概念。

（2）ISO 9001《质量管理体系要求》，它规定了质量管理体系要求，用于证实组织具有提供满足顾客要求和适用法规要求的产品的能力，目的在于增进顾客满意。它是质量管理体系认证的基础。

（3）ISO 9004《质量管理体系业绩改进指南》，它提供了提高质量管理体系有效性和效率两方面的指南，其目的是促进组织实现、保持和改进整体业绩，使顾客和其他相关方满意。该标准也可用于评价质量管理体系的完善程度。

（4）ISO 19011《质量和（或）环境管理体系审核指南》，为运用质量管理体系或环境管理体系的组织进行内审和外审提供了指南。

2. ISO 9000 族标准（2000 版）的八项质量管理原则

2000 版 ISO 9000 族标准在总结以往质量管理经验的基础上提出了质量管理八项原则，这八项原则是：

（1）以顾客为关注焦点。顾客是企业存在的基础，企业应把顾客要求放在首要地位，"满足顾客要求并争取超越顾客期望"。

（2）领导作用。即最高领导者的决策和领导是企业质量管理成功的关键，在管理中必须重视和发挥领导作用。

(3) 全员参与。即各级人员是企业组织之本,要创造良好的工作环境,让他们充分参与企业活动,使其才干为企业带来巨大的利益。

(4) 过程方法。即在质量管理中任何一项活动都可以作为一个过程来实施管理,通过"过程方法"确保每个过程的质量,以便更高效地达到目标。

(5) 管理的系统方法。即将整个质量管理过程作为一个系统,通过建立质量管理体系,利用体系管理的方法,系统地实施各个过程的控制,以提高管理的有效性和效率。

(6) 持续改进。即不断地、积极地寻找改进的机会,努力提高有效性和效率,确保不断增强企业的竞争力,使顾客满意。持续改进对企业来说,是一个"永恒的主题"。

(7) 基于事实的决策方法。即必须以事实作为决策依据,以防止决策失误。

(8) 与供方互利的关系。即应处理好与供方的关系,对供方不能只讲控制,要建立合作互利的伙伴关系,共同为提供使顾客满意的产品而努力。

3. 印刷企业实施 ISO 9000 系列标准的重要性

提高质量、控制经营成本,是企业在市场竞争中获胜的关键,在印刷行业这种现象更为明显。在总结国内优秀的印刷企业的经验中得出,印刷企业需要转变观念,树立现代质量观,包括良好的实物质量、优质服务、按期交货、合理价格。坚持不懈地推行国际质量管理标准,在现代企业制度中建立 ISO 9000 质量管理体系是必行之路,其重要性具体体现在以下五点:

(1) 能满足各类顾客的要求。

(2) 印刷企业降低产品成本、提高经济效益的需要。

(3) 提高印刷企业工作效率。

(4) 提高印刷企业的声誉,扩大企业知名度。

(5) 开拓国内外市场,与国际接轨的需要。

【案例】ISO 9000 质量认证:某印刷公司走向成功的助推器

某印刷在线公司,是全国印刷在线联盟生产基地之一,国内最大的网络印刷服务联盟,彩色印刷专业生产商,多元化组成的股份制企业。作为该地区众多印刷企业的一员,该公司高瞻远瞩,2004 年即通过了 ISO 9001:2000 质量管理体系认证,为本地同行作出了表率。可以说,公司今天的成功,ISO 9000 质量认证是其必不可少的助推器。

据某印刷网站了解,自从通过了 ISO 9000 质量认证以来,公司的发展突飞猛进。究其原因,主要有以下几点:

(1) ISO 9000 质量认证体系是目前最为权威的质量认证标准,被同行业广泛认可。通过 ISO 9000 质量认证,从某种意义上来说,就是拿到了一个信誉的"名片",一个贸易往来的"通行证"。公司通过认证以来,客源与日俱增,与大公司大企业合作的机会也不断增多,极大地促进了发展。

(2) 通过 ISO 9000 质量认证对企业内部员工来说也是一种激励,为他们信心的建立注入了一支强心剂。公司 2004 年即通过了 ISO 9001:2000 质量管理体系认证,这不仅是对公司本身的一种肯定,也是对企业员工努力付出的一份回报,这极大地激发了员工的积极性，他们不断创新，积极学习他人经验，以饱满的热情、优质的设计、便捷的网站为客户竭诚服务，为企业发展作出了巨大的贡献。

（3）ISO 9000 质量认证强化了企业的自律，促使公司不断努力，精益求精。作为 ISO 9001：2000 质量管理体系认证企业，该公司并没有在前进的道路上停下脚步，而是严于律己，精益求精，比如采取规模化经营、规范化管理、集中采购和批量印刷，采用 PC&MIC 高端电脑提供印前设计，纸张采用目前一线大品牌 A 级产品，油墨采用英国 SUN 牌等环保型油墨，印刷机采用全新进口的海德堡四色、五色印刷机。同时，在保证产品质量的前提下，努力将产品成本控制到最低。该公司严格履行 ISO 9000 质量认证体系的承诺，为产品的高品质提供了强有力的保障。

可以说，通过 ISO 9000 质量认证是其发展历程的一个重要里程碑，对于公司来说意义深远。从该公司的成功我们不难看到 ISO 9000 质量认证对于一个印刷企业发展的必要性与重要性。

【训练】

1. 请说明印刷品质量特性有哪些。
2. 在 ISO 9000 族标准中质量管理原则有哪些？

第二节　印刷企业质量管理工作

【任务】认识印刷质量管理工作内容。

【分析】印刷企业质量管理工作与印刷生产流程及工艺联系紧密，结合相关专业知识进行学习。

原则上，一个企业内总是存在着一个质量管理体系的，问题在于其是否规范和有效。ISO 9000 族标准为企业实现这一目标提供了一套可借鉴的体系标准，全面质量管理则提出了在实现这一目标的基础上达到和保持高质量水平的要求。因此，印刷企业质量体系是规范质量管理、提高质量工作绩效的重点内容。

一、印刷企业质量体系

印刷企业质量体系主要有三种类型：全企业质量管理体系、生产过程质量保证体系和工序质量保证体系。

（1）全企业质量管理体系，主要有：思想保证体系，即确立"客户需求第一"、"下道工序即是客户和服务对象"等观念；组织保证体系，即建立全企业、车间、基层三级质量管理工作组或质量管理机构，实行厂长、车间主任、班组长三级质量负责制。

（2）生产过程质量保证体系，主要有：生产的纵向流程，即从原材料购进、加工、包装、发运等整个工艺流程；质量保证横向管理关系，即管理点、管理内容、管理手段、检查频次、测定方法、测定记录、有关标准等；明确规定设备、材料等标准，即明确各有关部门和人员在体系中的职责与质量承诺等。

（3）工序质量保证体系，主要指在整个生产作业过程中各工序的质量保证体系，其主要步骤如下：制订计划→绘体系图→订立标准→贯彻执行。

二、印刷企业质量管理组织

印刷企业的三级质量管理机构，其工作内容大致为质量教育、质量目标、质量控制、质量标准、质量信息与质量检验六个方面。

以基层质量管理工作为例，一般生产流程中每个工序都会成立相应的质量小组，小组成员不能少于三人，对于不足三人的工序要进行适当的前后工序合并。质量小组根据相应的管理规章制度，如每日质量要求、每日质量通报、每日质量分析总结等，具体开展工作。通常，每次早会会接到一些新的工单，则质量小组将工单的质量要求布置下去。每天晚会主要安排总结一天的工作，排查质量故障的原因。所以质量小组主要工作任务可以归纳为：质量教育方面的培训任务；与生产一线人员密切接触，宣传推广新的管理模式、新技术、新工艺的任务；了解全面质量管理所必须了解的生产质量及作业计划的完成情况等。每个质量工作小组配备一名专门的统计人员，进行统计，比如印刷质量、装订质量情况统计，建立档案。表4-1是质量工作小组对印刷与装订质量影响因素的统计分析。

表4-1　印刷质量影响因素统计表

影响印刷质量因素	次数	频率
印版	25	22%
纸张	45	40%
油墨	12	11%
压力	11	10%
输水	8	7%
输纸	7	6%
其他	5	4%
总计	113	100%

三、印刷企业质量审核

质量审核的目的是为了能客观地对企业的质量活动与结果进行深入、全面、定期的检查，并公正地评价、拟定改进或纠正措施，以保证企业生产与服务的质量。

质量审核人员，通常要求选择与被审核部门无直接责任的人员，如质管部门或后工序人员，有时也可聘请企业外部的行业或技术专家。质量审核人员要求经过专门训练或富有经验的人员，使得质量审核不致流于形式。最后质量审核人员要取得企业领导者的授权，而且被审核部门与人员要自觉进行配合与合作。

1. 过程质量审核

在ISO 9000：2000标准中，特别强调过程质量审核，对于印刷企业的过程质量审核，主要有三个方面内容。

（1）设计审核。

①将印刷品的规格、材料和工序的技术规范同客户的需要和合同对印刷品的建议与规定进行对比。

②印刷品的美术设计、装帧设计、版式设计的外观性能，如艺术性、色彩色调等。

③制版质量。

④打样的水平及客户对打样稿的满意程度。

⑤设计更改程序和控制。

⑥发稿付印的程序和管理。

（2）印刷审核。

印刷审核主要是审核印刷过程能否按样稿、样书的要求，通过规定的工艺和程序在受控状态下进行生产。

①审核正确、合理、经济地使用原辅材料的状况。

②检查操作规程及其遵守情况。

③对工序能力进行研究，确定工序的潜在效能。

④对产品、工序、软件、材料或环境的质量状况等方面，按照生产顺序在关键岗位上组织验证，以减少损失和提高效益。

⑤现场管理状况。

⑥半成品、在制品和产成品的管理、堆放和运输的情况。

（3）验证工作审核。

①外购材料检验。为保证外购材料质量，必须建立起外购材料检验制度，特别是对纸张、油墨的质量检验，要求材料质量特性达到印刷要求，并做好进货质量记录，以便对供应商进行质量评价。

②工序检验。要建立首件检验和定时检验制度，保证工序少出或不出次品、废品。印刷企业的工序检验主要采用计时法、计数法。计时法，是根据一定时间间隔进行一次抽检，一般机速在8000印/时以上的要求时间间隔相对较短，如印数为5000~10000，精细产品的半成品每间隔4~6分钟、成品每间隔6~9分钟抽检一次，一般产品的半成品每间隔6~9分钟、成品每间隔9~12分钟抽检一次。计数法，是每间隔一定的数量抽检一次，如印数为5000~10000，精细产品的半成品印数每间隔300~500、成品印数每间隔80~120抽检一次，一般产品的半成品印数每间隔500~700、成品印数每间隔180~220抽检一次。

2. 产品质量审核

产品质量审核同工序质量审核中的成品检验不同，它是为了获得印刷品质量信息资料而对印刷品质量独立进行的审核，其审核对象是经过检验合格已包装入库的待发成品。审核时可以抽取一定的样本，查找有缺陷的印刷品，并对有缺陷的印刷品进行缺陷严重程度的分级。可以分为四级：A——严重缺陷，即印刷品缺陷严重影响产品功能，如包装或印刷品的防水、防碱和强度差，图像模糊、页码缺损，尺寸规格出错等；B——重要缺陷，即印刷品缺陷对产品功能影响重要，如覆膜剥离，装订牢度差，图文套印不准，破损挂脏等；C——一般缺陷，即对产品功能有轻度影响，如产品墨色差，色彩色调差，有压痕起皱现象等；D——次要缺陷，即不影响产品功能，如印刷品小网点损失率较高,套准略有超标,批量墨色有差异等。

四、印刷企业质量管理制度建设

1. 建立质量教育制度

质量管理"始于教育,终于教育"。建立质量教育制度,使质量教育长期化、制度化。质量教育内容包括三个方面:质量意识教育、质量管理知识教育和专业技术与技能教育。质量意识教育目的在于提高企业全体成员的质量"觉悟";质量管理知识教育目的在于让各层次、各岗位的人员掌握质量及质量管理的概念、方法和工作职责;专业技术和技能教育目的在于更新各级人员的知识与技能业务能力,从而保证质量管理工作的有效开展。

2. 建立质量标准体系

没有规矩,不成方圆。印刷企业有效开展质量管理,保证产品质量,绝不能没有"标准",因而就必须建立质量标准体系。由国际标准化组织 ISO 颁布的 ISO 9000 质量管理体系标准总结了当代世界质量管理领域的成功经验,应用当前先进的管理理论以标准的形式向各类组织推荐了一套实用的管理模式——ISO 9000 系列标准。印刷企业按照 ISO 9000 系列标准建立自己的质量管理体系并使之有效运行,使企业活动更加程序化、标准化、制度化。

3. 确定统一计量标准

计量是指运用技术和法律手段,实现企业统一、量值准确一致的测量,是企业质量管理的基础标准之一。计量标准能保证企业投入使用的计量器具达到规定的质量水平;操作计量器具的人员达到规定的素质要求;计量法律、法规得到正确贯彻和实施;建立、健全企业计量技术档案和计量工作记录。

4. 完善质量信息档案

信息是一种重要资源,质量信息能为企业带来效益或避免损失,但如果质量信息被阻塞、流失或失真,将导致企业质量管理工作的失误,给企业带来重大损失。为此质量信息档案是企业质量管理必不可少的基础制度,直接影响到企业的经营效果。企业质量信息档案的主要任务是支持企业开展有效的质量管理活动,其内容包括建立和完善企业的质量信息系统,并通过该系统的运行对企业的质量信息进行收集、整理、分析、反馈、建档等。

5. 贯彻质量责任制

管理的基本原则之一是明确各工作岗位的责任和权限。企业的质量管理涉及产品质量形成的全过程,涉及企业的各部门、各岗位,只有做到人人各尽其责,才有可能保证质量。因此,企业的质量管理活动要通过建立有效的质量体系和工作程序,对每个部门、岗位在质量工作上的任务、责任和权限作出明确规定,建立"质量责任制",并通过进行内部审核、考评和奖惩等活动保证质量责任制的实行和不断完善。

6. 实施全面质量管理

全面质量管理,简称 TQM,是组织企业全体职工和相关部门参加,综合运用现代科学管理技术成果,控制影响质量形成全过程的各因素,以经济的研制、生产和提供顾客满意的产品和服务为目的的系统管理活动。全面质量管理的基本观点是:"为用户服务、以预防为主、用数据说话。"

【训练】

1. 说明印刷企业质量体系的组成。
2. 说明印刷企业质量审核工作有哪些内容。

第三节　印刷质量控制

【任务】认识印刷质量控制方法与质量管理常用工具。

【分析】本节主要是介绍印刷质量控制方法与质量管理常用工具，要求结合《印刷品质量检测与控制》课程的相关知识进行学习。

一、印刷品质量控制要素

印刷品质量主要有四个控制要素：颜色、层次、清晰度、一致性。对于印刷品，只要控制好这四个方面，就能得到高质量的印刷品。

（1）颜色，是印刷品质量的基础，直接决定了印刷品质量的优劣。色彩控制或管理是质量控制的关键环节。

（2）层次，即阶调，指图像可辨认的颜色浓淡梯级的变化。它是实现颜色准确复制的基础。

（3）清晰度，指图像细节的清晰程度，包括三个方面，图像细微层次的清晰程度，图像轮廓边缘的清晰程度以及图像细节的清晰程度。

（4）一致性，即均匀性，它包括两方面的内容。一方面指同一批次的印刷品不同部位即不同墨区的墨量的一致程度，一般用印刷品纵向和横向实地密度的一致程度来衡量，它反映了同一时间印刷出来的印刷品不同部位的稳定性。另一方面指的是不同批次的印刷品在同一个部位的密度的一致程度，它反映了印刷机的稳定性。

二、印刷品质量标准

印刷品的质量由于既有工业技术标准，又有艺术标准，因而有时鉴于艺术和审美的观点不同，相同的产品会产生不同的质量评价。因此，在印刷品的质量评比过程中，通常采取专家评定法，由专家独立对印刷品质量水平进行评价，当专家评价出现较大分歧时，再由某一方面的权威进行裁决。

为加强产品质量的科学管理，使印刷行业评估、检测产品有共同标准，新闻出版总署制定了《印刷行业标准体系表》，并制定了印刷行业的各个标准。目前《印刷行业标准体系表》主要包括四个层次：

第一层次，为印刷行业通用标准，包括综合性基础标准和一般规则，如术语、计量单位、尺寸等。

第二层次，为专业通用标准，包括在专业范围内作业下一层标准和基础，具有广泛指导意义的标准,包括管理专业通常标准和印刷技术专业通用标准。

第三层次,为门类通用标准,根据印刷工艺过程,分为印前处理、印刷和印后加工三大类别,并将印刷管理专业标准分为工作标准和管理标准两大门类。

第四层次,为印刷各类产品的标准,如《图书期刊产品标准》《报纸印刷产品标准》《包装印刷产品标准》等。

【案例】彩色印刷质量标准

国家新闻出版总署于1999年发布了新闻出版行业关于《平版印刷品质量要求及检验方法》的行业标准(CY/T5—1999)。该标准适用于以纸为承印物的平版图像印刷品。其他平版印刷品也可参照使用。

标准对精细印刷品和一般印刷品进行了定义,并提出了该类印刷品的质量要求。

精细印刷品:使用高质量原辅材料经精细制版和印刷的印刷品。

一般印刷品:除精细印刷品外的符合相应质量要求的印刷品。

1. 印刷品的阶调层次要求。通常要求印刷品亮、中、暗调分明,层次清楚。其中精细印刷品亮调再现为2%~4%网点面积;一般印刷品亮调再现为3%~5%网点面积。

2. 彩色印刷品的套印要求。多色版图像轮廓及位置应准确套合,精细印刷品的套印允许误差≤0.10mm;一般印刷品的套印允许误差≤0.20mm。

3. 网点再现要求。要求印刷品的网点清晰,角度准确,不出重影。精细印刷品50%网点的增大值范围为10%~20%;一般印刷品50%网点的增大值范围为10%~25%。

4. 相对反差(K值)要求。彩色印刷品的K值应符合表4-2的规定。

表4-2 相对反差值(K值)范围

色别	精细印刷品的K值	一般印刷品的K值
黄	0.25~0.35	0.2~0.3
品红、青、黑	0.35~0.45	0.30~0.40

5. 颜色质量要求。印刷品颜色应符合原稿,真实、自然、协调。同批产品不同印张的实地密度允许误差为:青(C)、品红(M)≤0.15;黑(B)≤0.20;黄(Y)≤0.10。

6. 外观质量要求。版面干净,无明显的脏迹。印刷接版色调应基本一致,精细产品的尺寸允许误差为<0.5mm,一般产品的尺寸允许误差为<1.0mm。文字完整、清楚,位置准确。

三、印刷质量检测仪器

1. 密度计

密度计是用于测量产品的实地密度和网点积分密度的仪器。密度计的工作原理是比较表面反射的光或透射的光的强度与照射在表面上的光强度,然后,通过一定的逻辑关系计算出密度值。密度计有两种形式:反射密度计和透射密度计。透射密度计是用于测量从透明材料透过的光量;反射密度计是用于测量从印刷品反射的光量,以便在印刷生产过程中对质量进行控制。密度计配合相应的测控条,还能测量图像密度反差、网点增大值、相对反差值等，是检验图像印刷品质量的重要仪器。

2. 分光光度计/色度仪

分光光度计是通过对被测颜色表面直接测量获得与颜色三刺激值 X、Y、Z 成比例的视觉响应，经过换算得出被测颜色的 X、Y、Z 值，也可将这些值转换成其他匀色空间的颜色参数。分光光度计是一种带有三个宽带滤色片的特殊密度计，是一种应用广泛的测色仪器。

四、印刷品质量控制方法

1. 印刷质量测控条

印刷质量控制的方法之一是利用常规的信号条、测试条、控制条、梯尺，配合测试仪器和图表，对印刷质量（包括印刷品质量和印刷工程质量）进行科学的定量控制。目前各国使用的信号条、测试条种类较多，如美国的 GATF 系统、瑞士的布鲁纳尔系统、德国的弗格拉系统，以及格灵达系统等。我国多采用美国 GATF 和瑞士布鲁纳尔的信号条、测试条。

信号条主要用于视觉评价，功能比较单一，只能表达印刷品外观质量信息，如晒度梯尺，GATF 字码信号条，彩色信号条等。测试条是以密度计检测评价为主的多功能标记元件，视觉鉴别和密度计测试相结合，并借助图表、曲线进行数值计算的测试条。控制条是把信号条和测试条的视觉评价和测试评价组合在一起的多功能控制工具，如布鲁纳尔第三代控制条。梯尺具有等差密度或网点的梯尺，用于控制晒版、印刷质量。

2. 印刷机台质量控制

印刷机台管理过程中，印刷质量控制是一项重要工作。通常在质量控制过程中评价印刷质量的指标有五个：套印精度、墨色均匀性、有无脏点、批量一致性、印刷品数量。

（1）套印精度对印刷品而言最为关键。当然不同的印刷产品有不同的套印精度要求，一般对铜版纸要求套印精度高，对胶版纸要求套印精度低；对精美画册要求精度高，对教材、普通画册等要求精度低。

（2）墨色均匀性，特别是对那些平网及实地类产品，这方面要求比较重要，而对于一般文字类印刷品要求会低一些。

（3）脏点，在印刷过程中是很忌讳的，有时在印刷品上会出现水点、墨点、油点、纸张掉粉后形成的白点、吸嘴痕迹等，这些在检查中都要求特别注意。

（4）批量一致性，有的印刷品看单个样张没有什么明显问题，但横向一比会发现墨色明显差别，也需要多加注意。

（5）印刷品数量，这对于企业与客户双方来说都很重要，印多了会造成浪费，印少了须加印造成更大损失。

五、印刷质量管理工具

质量管理工具是运用数理统计的原理，通过对具有代表性的局部情况进行调查分析，找出局部质量变化的规律性，并据此预测和推断总体的质量，从而进行质量控制。质量管理常用工具有分层法、排列图法、因果分析图法、直方图法、相关图法、控制图法、统计分析表法等。

1. 排列图法

排列图法又称为主次因素分析图法，是将影响产品质量的各因素按其对质量影响程度的大小顺序排列，从而找出影响质量的主要因素。

【案例】某印刷企业为减少 PS 版补版率，对××年×月生产的不合格印版进行分类统计，表 4-3 是按原因统计的不合格品数据。用排列图对此问题进行分析。

表 4-3　某印刷企业某月不合格印版统计分析表

补版原因	制版	拼版	晒版	印刷	客户	其他
补版数	11	7	23	68	2	1

排列图做法如下：

步骤 1，针对所存在问题收集一定期间的数据，此期间不可过长，以免统计对象有变动；也不可过短，以免只反映一时情况而不全面。然后将数据按原因、工序人员、部位或内容等进行分类，并统计各项目的频数。

步骤 2，将工序按频数从大到小排列，并计算各自所占比率和累计比率，计算结果如表 4-4 所示。表中所占比率的合计应为 100%，最末一项累计比率也应为 100%，可用这两点来检验排列图计算表的计算是否正确。

步骤 3，以左侧纵坐标为频数，横坐标按频数从大到小依次列出各工序，将频数用直方表示，成为若干直方相边由左至右逐个下降的图形，即排列图。

步骤 4，以右侧纵坐标为频率，依次将各工序的累计比率用折线表示。如图 4-2 所示。

表 4-4　补版原因频率统计表

序号	补版原因	补版数	频率/%	累计比率/%
1	印刷	68	60.7	60.7
2	晒版	23	20.5	81.2
3	制版	11	9.8	91.0
4	拼版	7	6.3	97.3
5	客户	2	1.8	99.1
6	其他	1	0.9	100
合计		112	100	

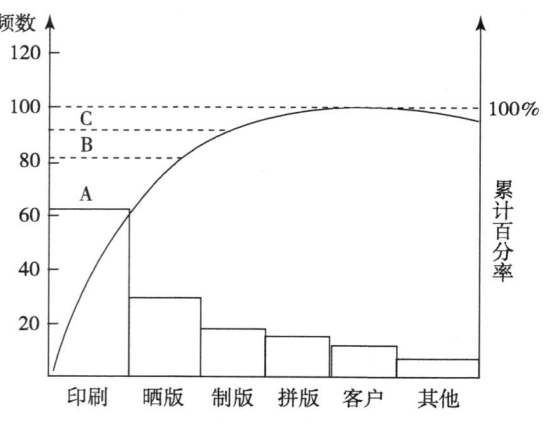

图 4-2　PS 版补版原因排列图

排列图是一种频数分布图，用于找出少数关键，即分清主次，抓住主要矛盾。因此，对于排列图应注意观察以下几点：①哪一项是最主要的？前多少项包含 80% 以上的内容？②对哪些项目采取措施后，可使存在的问题减少百分之几？③对照采取措施前后的排列图，研究各个组成项目的变化。

请问在此案例中，通过分析找出引起补版的主要原因是什么，如能解决问题，可降低补版率多少？

2. 因果分析图

这是用来分析产生质量问题的具体原因的一种方法。用排列图可以找到影响质量的主要问题，而要解决这些问题，还必须把产生问题的原因查清，有的放矢。因果分析图法就是从某一质量问题这一结果出发，层层分析，寻找产生这种结果的原因，直至能采取措施解决质量问题为止。这种方法一般在图中进行，将大家提出的看法整理后反映在图上。

【案例】运用因果分析图时，分析印张质量不合格的原因。首先把与这一质量问题有关的人员组织起来，采用分析讨论会的方式，让大家畅所欲言，集思广益，找出影响质量的原因，并有系统地分析出他们的因果关系。如图 4-3 所示。

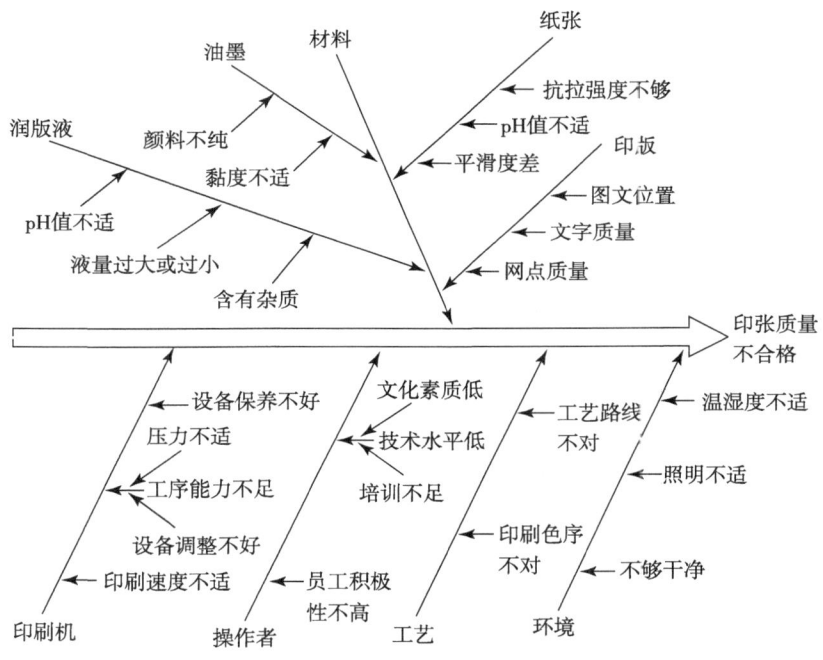

图 4-3 引起印张质量不合格的因果分析图

【训练】

1. 说明印刷质量控制要素有哪些。
2. 说明印刷质量控制有哪些方法。

第五章 印刷企业物力资源管理

【应知要点】
1. 掌握印刷企业供应、生产、销售物流管理的相关知识。
2. 掌握印刷企业设备管理的基本原理。
3. 了解印刷企业技术管理的原理与知识。

【应会要点】
1. 能举例说明印刷企业的物流过程。
2. 清楚印刷企业设备维护与保养的基本要求。
3. 清楚印刷企业进行技术选择的方式。

印刷企业物力资源是指印刷企业从事生产或经营活动所需的一切生产资料及技术，其构成状况可按物力资源在生产经营过程的作用划分为劳动对象和劳动手段。在印刷企业中，劳动对象实质上就是指印刷所需的油墨、纸张、印版等原材料，润版液等辅助材料，以及燃料等。劳动手段指印刷车间的厂房、印刷设备、印刷工具等。

印刷企业物力资源由劳动对象与劳动手段两部分组成，因此印刷企业的物力资源管理主要包括印刷企业物流管理、设备管理与技术管理三个组成部分。

第一节 印刷企业物流管理概述

【任务】认识印刷企业物流的构成。

【分析】通过此节学习让学生了解物流的作用，将物流与运输或存储的概念区分开。

物流是指按用户的要求以最少费用将物质资料（包括原材料、半成品、商品等）从供给地向需求地转移的过程，主要包括运输、储存、包装、装卸、配送、流通加工、信息处理等活动。物流活动是一种创造时间价值、场所价值，有时也创造一定加工价值的活动。

一、印刷企业物流

印刷企业作为提供以印刷产品为核心展开相关服务的经济实体，其生产过程包括购进原材料、经过若干程序的印刷加工和最后得到符合客户要求的印刷产品。因此印刷企业经营与生产、服务活动所形成的物流系统称为印刷企业物流。

印刷业不同于其他行业，它的诸多特点使其在物流方面也具有很多特性。比如：订单合同额小，小至几十元、几百元；订单数量多，平均每月几十单、上百单；每个订单使用的原材料品种多，每一订单都要包括正文纸张、封面纸张、装帧材料等原材料，至少几种；加工工序多，每个订单少至几个工序、多至几十个工序；交货期短，短至1~2天；成品交付地点各不相同，有的到客户办公室，有的到库房，有本地，也有外埠、国际；运输方式也因活而异，有陆运、海运、空运等。

二、印刷企业物流的构成

根据印刷企业业务流程特点，通常可将印刷企业物流划分不同的典型物流活动：

（1）供应物流。印刷企业购入油墨、纸张、印版等原材料、印机零部件及印刷生产辅料等的物流过程称为企业供应物流。

（2）生产物流。在印刷企业中，原材料从购进入库直至印刷成品出库发送，这一过程的物流活动称为企业生产物流。

（3）销售物流。印刷企业售出印品或包装品的物流过程称为企业销售物流，该物流过程发生在印刷企业与客户之间，所以受客户影响很大。

印刷企业除了上述三种典型的物流过程，还存在着回收物流和废弃物流。在印刷生产过程中产品的废品、废料，各种承印物的裁切余料，使用过的印刷版材等，各类物品通过回收处理形成印刷企业回收物流。此外印刷生产产生的无再利用价值的废弃物，如含有化学废物的排放物、碎屑等，既会造成环境污染又影响生产顺利进行，必须通过废弃物流将之进行慎重、规范地处理。印刷企业物流系统结构如图5-1所示。

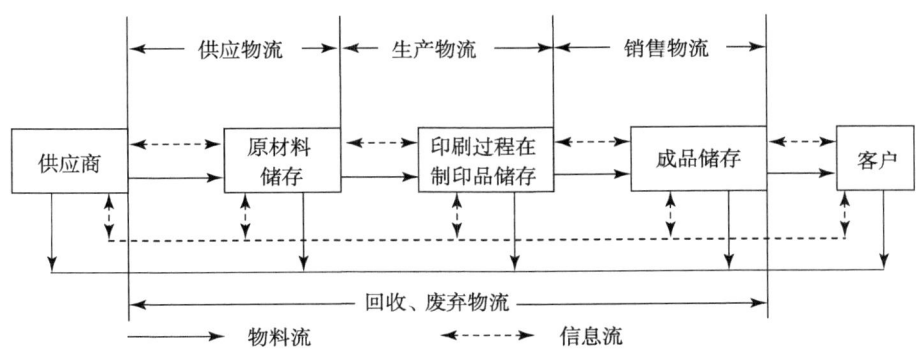

图5-1 印刷企业物流系统结构图

【训练】

简述印刷企业物流的组成。

第二节 印刷企业供应物流管理

【任务】认识印刷企业供应物流,了解印刷企业采购、供应、库存工作特点。
【分析】印刷企业库存管理是本节学习的重点。

现代物流——立体仓库

印刷企业供应物流作为企业物流活动的起点,负责购入与保管油墨、纸张、印版等原材料、印机零部件及印刷生产辅料,在整个物流过程中有着重要的意义。

一、供应物流构成

(1)采购,是供应物流与社会物流的衔接点。它是依据印刷企业生产计划所要求的供应计划制订采购计划并执行,同时还要承担对市场资源、供货方、市场变化等信息的采集和反馈任务。

(2)供应,是供应物流与生产物流的衔接点,是依据供应计划与消耗定额进行印刷生产资料供给,还负责对原材料消耗的控制。

(3)库存管理,是供应物流的核心部分,它依据印刷企业生产计划的要求和库存状况制订采购计划,负责购入印刷物资的接货和生产供应的发货,以及物料保管工作。

二、印刷企业需要的主要设备与材料

由于印刷企业规模与技术领域不同,所需要的设备和印刷材料也各不相同,常用的设备与材料如下。

印刷设备:印前设备方面如电脑、扫描仪、打样打印机、CTF/CTP输出系统、排

版软件等；印刷设备方面如各类常规印刷、特种印刷或数码印刷设备等；印后设备方面如切纸机、折页机、配页机、装订机、胶订机及其他印后加工设备。

印刷材料：印前处理需用感光材料；印刷过程需要印刷版材、印刷油墨、承印物材料、印刷胶辊与橡皮布、润版液以及覆膜、装订、烫印、包装材料。

三、印刷企业采购

1. 采购批量

确定采购批量有一种比较科学的计算模型——经济订购批量。当企业按照经济订货批量来订货时，可实现订货成本和储存成本之和最小化。

购进库存商品的经济订购批量，是指能够使一定时期购、存库存商品的相关总成本最低的每批订货数量。企业购、存库存商品的相关总成本包括购买成本、相关订货费用和相关储存成本之和。

其基本公式是：$Q_0 = R_{t_0} = \sqrt{\dfrac{2 \times C_3 R}{C_1}}$

式中　　Q_0——订货批量；

R——需求速度；

C_1——单位存储费用；

C_3——订购费；

t_0——间隔时间。

简化可得最佳费用公式：$C_0 = \sqrt{2C_1 C_3 R}$

即得最佳费用，包括存储费用和订购费用。

【例题】某印刷企业生产需要某种纸张，其年需求量为365吨，需求率为常数，每天1吨。设该纸张的成本为每吨5000元，存储费的成本每年为物资成本的20%，每次订货需定购费3000元。试用经济订购批量法计算出每次订货数量及所需要费用。

解：$Q_0 = \sqrt{\dfrac{2 \times C_3 R}{C_1}}$，$R = 365$，$C_3 = 3000$，$C_1 = 5000 \times 20\% = 1000$

代入公式：$Q_0 = \sqrt{\dfrac{2 \times 3000 \times 365}{1000}} = 47$（t）

即每次订购47吨，每隔47天订货1次。

所需费用为 $C_0 = \sqrt{2C_1 C_3 R} = \sqrt{2 \times 1000 \times 3000 \times 365} \approx 46797$（元）

此费用包括每年的存储费用和每年的订购费用。

2. 印刷企业的准时制采购

不少印刷企业实行了准时制采购，不但能够最好地满足用户需要，而且可以极大地消除库存，最大限度地消除浪费，从而降低企业的采购成本和经营成本，提高企业的竞争力。印刷企业实行准时制采购，主要有以下措施：

（1）减少供货商的数量。最理想的情况是，对某种材料或设备只从一个供货商处采购，这种做法称为单源供应。单源供应的好处是，印刷企业与供货商之间增加了依赖性，有利于建立长期互利合作的伙伴关系。供货商获得长期稳定的订货，也可能提供更低价格的印刷材料与设备、配件。

（2）小批量采购。由于准时制采购旨在消除印刷企业材料与设备、配件的库存，采购必然是小批量的，通常根据客户订单对物资的需求进行采购。

（3）保证采购质量。实施准时制采购时，印刷材料与设备、配件的库存极少，以至于接近于零，因此必须保证所采购物资的质量，但这种保证通常由供货商负责。

（4）合理选择供货方。由于准时制采购实行单源供应，选择合格的供货商成为关键。选择的因素包括产品质量、交货期、价格、技术能力、应变能力、批量柔性、交货期与价格的均衡、批量与价格的均衡、地理位置等，不会像传统采购方式一样只将价格作为唯一因素考虑。

（5）可靠的送货和特定的包装要求。由于消除了缓冲库存，任何交货失误和送货延迟都会造成难以弥补的损失。所以供货商必须具备足够的生产、运输和应变能力以保证送货的可靠性。准时制采购对包装也有特定要求，目的是为了运输和装卸搬运的方便，如印刷油墨、各种印刷用化学药剂应采用标准且可重复使用的包装容器。

四、印刷企业库存控制

库存控制过程中，库存量多了会造成积压，少了又不能满足正常所需供应，因此要求确定合理库存。库存控制方法有：

（1）正常库存。因采购是批量进行的，而生产是连续进行的，由于这种节奏的不一致，要保证生产，必须有正常的库存。

（2）安全库存。为了防止发生意外事故和不可知因素的影响，供应活动受到阻碍时，需要有安全库存，以保证生产的正常进行。

（3）最大库存。为控制库存成本，将库存水平保持在最大库存量以下。

（4）过程库存。一般库存水平。当对供应商发出采购订单后，收到供应商的发货前，一旦订单所购物资的库存量达到该水平，必须及时向供应商问询，进一步确认交货时间。

这四种库存水平比较可知：最大库存＞正常库存＞过程库存＞安全库存。

当库存水平达到需要采购的水平，仓库部门要向采购部门发出采购通知单，表5-1是一个采购通知单示例。

表5-1 采购物料通知单

To：采购部
From：仓库管理部　　　　　　　　　　　　　　　　　　　　　　　　　日期：

印号	印件名称	采购物料名称	规格	库存量	采购量	需要日期	备注

五、印刷企业仓库管理

1. 材料储存设施

印刷企业大都有三类仓库：成品仓库，用于储存印刷成品；危险品仓库，用于储存化学药剂，易燃、易爆品；原料仓库，用于储存供印刷生产使用的材料与设备。

大多数中小型印刷企业的仓库通常设在生产区域内或离生产区域很近的地方，安排专人管理。仓库不可直接由生产人员管理，否则不可避免会造成物资的不合理使用甚至浪费，因为生产人员如果能很容易地自行取用物资，那么他们通常很少考虑到材料耗费的成本。仓库设在生产区域内可减少物资的运转，但是印刷物资在生产区域的随意堆放所造成的物资使用不当或浪费，以及令生产区域杂乱无章，会使生产效果大受影响。所以，如果不能将印刷物资采用单独仓库储存，也要在生产区域以内开辟专门的地方储存印刷物资，并由专人负责管理。

大型印刷企业的仓库通常是独立建筑。采用独立的仓库具有以下优势：①通常是为达到特定的储存效果而特别建造，可以使各种储存物资更方便地移动和存放。②可以对储存物资进行更有效的控制，从而减少损耗和浪费。③可以更有效地保护储存物资的价值安全。

采用独立的仓库也存在以下缺点：①增加了储存物资的搬运移动。②储存物资在从仓库到生产车间的运输过程中，由于环境造成的温、湿度骤变，会对印刷生产的效果产生影响。③增大企业开支。

所有印刷物资应避免高温高湿的存储环境，这对感光胶片、印刷用纸、印刷材料、印刷版材、油墨等材料尤其重要，环境因素的不稳定会导致印刷物资自然使用寿命的降低。应将纸类和各种承印材料存放在木制货架上，离开地面。感光胶片、印刷版材最好放置在有编号的货架上，货架之间要留有足够的通道。印刷用化学药剂应储存在安全地点，通常要放置在金属防火容器内，同时储存的数量也视印刷生产需求的大小有相应的限制。

2. 材料鉴别与放置

印刷物资在入库时要进行最初的质量检验，以鉴别物资，给予适当的存放位置。印刷物资放置在固定的位置，这样可以方便查找和取放，但这往往会造成库存空间不能有效利用。有时印刷物资的随意摆放也是允许的，可以暂时存放于某处，这是为了增加库存空间的利用率，但必须注意将物资放置在特定的存放位置。采用管理信息系统对物资的摆放进行管理是十分有效的手段。另外，印刷物资的摆放位置还受其自身大小、重量和自然属性的影响。如果条件允许，应把使用频率比较高的物资，如印刷用纸，放置在接近通道、便于取放的位置；码放高度也要保持在搬运设备可正常操作的范围内，码放高度一般不要超过2米，货垛之间要保持适度间隙，码高时要将轻质物资置于上层。

印刷物资的使用应遵守先进先出的原则，可以预防物资长期储存造成的损坏变质，加快物资更新，避免由于新材料的替代而使物资库存失去使用价值。应避免大量存货，原因是：①大量存货会占用大量的空间，造成昂贵的仓库占用成本。②对存货记录的管理要花费更多的精力。③新型材料的出现会使库存物资贬值。④存货在储存期间会发生自然损坏变质，降低其本身价值。

3. 库存记录

对所有材料存储情况进行有效的记录是十分必要的，这样易于对各种物资区别定位和运输。表5-2是一个简单的存储记录单。

表5-2　物资记录

日期：

货名：

数量：

存放位置：

账面库存	实际库存	差额

说明：

表5-3是简单的纸张储存记录。印刷材料的耗费构成了印刷成本的绝大部分，因此，准确地记录定货量和发货量是十分必要的，可以起到以下作用：发现预算数量与实际数量之间的变化；可明确所有物资的价值，包括仓库中的存货和分发使用的物资；确认物资损失和不当的使用。

表5-3　纸张存货记录

货名： 颜色：		存放位置： 重量：		
订货数量	收到数量	发出数量	剩余数量	日期

【训练】

1. 简述印刷企业供应物流的构成。
2. 说明印刷企业库存管理须注意什么。

第三节　印刷企业生产物流管理

【任务】认识印刷企业生产物流管理。

【分析】重点了解印刷生产物流的影响因素。

印刷企业生产物流是指在印刷生产中的物流活动。印刷企业生产过程中的物流大体为：印刷材料、零部件、燃料等辅助材料从企业仓库开始，进入到印刷流程的开始端，再进一步随着印刷工艺过程一个环节一个环节地流动。在流动的过程中，印刷材料本身被加工，同时产生一些废料、余料，直到印刷生产加工结束，再流向印刷成品仓库，便完成了印刷企业生产物流过程。

一、印刷生产物流的主要影响因素

（1）生产的类型。不同的印刷生产类型（平版印刷、凸版印刷、凹版印刷、孔版印刷等）它的产品品种、结构的复杂程度、工艺要求以及印刷材料、设备准备等各不相同。这些特点影响着印刷物流的构成以及相互间的比例关系。

（2）生产规模。这是指单位时间内的产品产量，通常以年产量表示。生产规模越大，生产过程的构成就越齐全，物流量就越大，如大型印刷企业印刷生产中有纸张印刷、塑料印刷、金属印刷、玻璃印刷之分。反之，生产规模越小，物流量就越小。

（3）企业的专业化与协作水平。如果企业的专业化与协作水平较高，印刷企业内部生产过程将趋于简化，物流流程就会缩短。例如某些印刷企业不设置印前处理、制版部门，产品的印前处理、制版工作都是由其他企业提供的。

二、印刷企业生产物流的任务

（1）保证生产计划的顺利完成。为了保证按计划规定的时间和数量生产出印刷产品，要研究印刷物料在生产过程中的运动规律，以及在各工艺阶段的生产周期，以此来安排经过各工艺阶段的时间和数量，并使系统内各生产环节的在制印品的结构、数量和时间协调。总之，通过物流计划中的物流平衡以及计划执行过程中的调度、统计工作，来保证计划的完成。

（2）为均衡生产创造条件。均衡生产是指印刷企业间及印刷企业内的车间、工段、工作地等生产环节，在相等的时间阶段内，完成等量或均增数量的产品。均衡生产的要求：每个生产环节都要均衡地完成所承担的生产任务；不仅要在数量上均衡生产和产出，而且各阶段物流要保持一定的比例性；要尽可能缩短物料流动周期，同时要保持一定的节奏性。

（3）加强在制印品、半成品管理，缩短生产周期。保持在制印品、半成品的合理储备是保证生产物流进行的必要条件。对在制印品、半成品的合理控制，既可减少印刷物料占用量，又能使各生产环节衔接、协调，按物流作业计划有节奏地、均衡地组织物流活动。

三、印刷企业生产物流控制

（1）进度控制。物流控制的核心是进度控制，即印刷物料在生产过程中的流入、流出控制，以及物流量的控制。可以采用每日物料消耗统计表等进行物流量的统计跟踪控制。

（2）在制印品管理。在生产过程中对在制印品进行静态、动态控制。在制印品控制包括在制印品实物控制和信息控制。有效地控制在制印品，对及时完成作业计划和减少在制印品积压均有重要意义。

（3）偏差的测定和处理。在进行作业过程中，按预定时间及顺序检测执行计划的结果，掌握计划量与实际量的差距，根据发生差距的原因、内容及严重程度，采取不同的处理方法。①要预测差距的发生，事先规划消除差距的措施，如动用库存、组织外协等。②为及时调整产生差距的生产计划,要尽快将差距的信息向生产计划部门反馈。

【训练】

简述印刷企业生产物流管理的主要内容。

第四节　印刷企业销售物流管理

【任务】认识印刷企业销售物流管理。
【分析】重点了解印刷企业销售物流的渠道。

销售物流是印刷企业为保证本身的经营效益,不断伴随销售活动,将印刷产品所有权转给用户的物流活动。销售物流是通过包装、成品储存、送货、配送等一系列环节实现印刷产品的销售。销售物流是印刷企业物流与社会物流的衔接点,与印刷企业销售系统相配合,完成产成品的流通。

一、包装

包装可视为生产物流系统的终点,也是销售物流系统的起点。包装具有防护功能、仓储功能、运输功能、销售功能和使用功能,是物流系统中不可缺少的一个环节。

包装应达到的根本目标是使消费者在接受印品打开包装后,所看到的印品质量与包装出厂前的合格印品质量无异。因此,在包装材料、包装形式上,除了要考虑印品的防护和销售外,还要考虑储存、运输等环节的方便。可选用的包装材料和填充材料很多,印刷企业可根据每一订单的具体情况灵活选择,在确定包装方案时还要考虑包装的标准化、轻薄化、低成本,以及包装器材的回收、利用等重要问题。

二、成品储存

印刷企业的印刷生产大多是按客户订单生产,印刷成品通常只需要短暂的临时储存即交付客户。由于印刷品具有易燃、怕潮等特性,在储存过程中要注意采用科学的养护方法,码放合理,避免挤压变形,通风、防潮,保持适当的温、湿度水平,以确保印刷成品在储存期间质量完好。

印刷成品库存控制应以市场需求为导向,按客户订单生产的印刷品通常尽快全数交付客户,极少保留库存;一些通用印刷品在制订生产计划时应充分考虑市场需求,力求达到零库存,或将成品存储量控制在极低的水平。

三、销售渠道

销售渠道的结构有:
(1) 生产者—消费者,销售渠道最短。
(2) 生产者—批发商—零售商—消费者,销售渠道最长。
(3) 生产者—零售商/批发商—消费者,销售渠道介于以上两者之间。

影响销售渠道选择的因素有政策性因素、产品因素、市场因素和印刷企业本身因素。

印刷企业对影响销售渠道选择的因素进行研究分析以后，结合本身的特点和要求，对各种销售渠道的销售量、费用开支、服务质量经过反复比较，找出最佳销售渠道。

销售物流的组织与印刷产品类型有关，对满足客户个别需求的订制印刷品，其销售渠道一般选用第一种结构渠道（生产者—消费者），这种渠道是印刷企业销售物流的主渠道；而一些满足社会需求的通用印刷品，诸如笔记本、日历等印刷品的销售渠道，则较多地选用第二种、第三种结构渠道，这种渠道在印刷企业销售物流中使用不多。

四、产成品的发送

产成品的批量、运送距离、地理条件决定运输方式。

对于第一种销售渠道，运输形式有两种，即消费者直接取货和印刷企业直接发货给消费者。对于第二种、第三种销售渠道，除采用上述两种形式外，配送是一种较先进的形式，可以推广。

由印刷企业直接发货时，应考虑发货批量大小问题，它将直接影响物流成本费用，要使发货批量达到运输费用＋仓储费用最小的原则。表5-4为某企业发货单。

表5-4　发货单

客户名称：		编号：		
客户地址：		日期：		
印件名称	每包数	共包数	数量	备注
开单人：		收货人：		

一式六联。第一联：正本；第二联：客方副本；第三联：客户服务部；第四联：回单；第五联：运输部；第六联：财务部。

【案例】某印刷公司的物流现状分析

某印刷公司的采购物流、生产物流和销售物流管理既相互独立，又相互交叉、密不可分。相互独立使各系统调度灵活性高，便于调度；相互交叉可整合资源，节省成本。

一、生产布局与物流管理

公司生产车间和库房布局是"以装订车间为中心"，这一点在大厦设计时就进行了充分考虑和论证。印刷的主要承印物纸张及其经过印刷和其他加工后的半成品和成品是生产物流管理的主要对象，其在生产过程中种类繁多、流动总量巨大，如何使这些原材料、半成品和成品流动的距离最短，使生产流程中的主要物流距离和位置最为合理，是生产物流管理的关键所在。

公司生产车间分布在一、二层两层楼内。以装订车间为中心的生产布局是指将一层上万平方米的生产车间分三部分，中间部分是生产量最大的平装生产线（胶装和骑马订），两侧分别是平张纸印刷机和卷筒纸印刷机，这样既有利于调整两侧印刷机的震动平衡，更有利于平装产品的流程。商业轮转印刷机印刷的产品绝大多数为胶装或骑马订装，并且印完的产品已完成了折页，印数大，半成品多。从轮转机收纸部分到胶订机只有一墙之隔，距离不超过10米，这样印下来的半成品可随时转移到胶订机做准备，如事先调试好机器，待印帖齐全后，成品很快就能下线。公司二层生产车间包括折页和精装的各工序，并与一层的平张纸印刷处于同一垂直位置。精装装订的产品一般均采用平张纸印刷，并且印数相对较小，半成品流量较小，但半成品要经过折页、配页、锁线等几道工序，半成品在车间停留时间较长。虽然需要经过货梯运输，但运输总量不会很大。

纸张是印刷的主要承印物，也是在生产物流中主要的货物。在布局上，平张纸库与平张纸印刷车间相连，卷筒纸库与轮转印刷车间衔接，这样虽每月有上千吨的纸张吞吐量，在库房出入货与生产的衔接上仍然是有条不紊的。从整体上看，平张纸卸货台、平张纸仓、平印车间、平装装订依次连成一条线，保证了平张印刷的进纸、存纸、切纸、印刷和装订过程中的物流距离最短；卷筒纸卸货台、卷筒纸仓库、轮转车间、平装装订依次连成一条线，确保了轮转印刷的进纸、存纸、纸张准备、印刷和装订过程中的物流距离最为合理；平装装订和成品库、成品出货台连成一条线，这样确保了装订后的成品直接入库和出货。

生产布局的合理安排确保了生产过程中纸流最短。公司西大门和南大门24小时有人执守，可以保证供货商按时卸货。

二、生产物流管理

公司生产物流管理是以工程单为主线，明确每一订单的具体要求，对常规的做法进行规范，保证物流的顺畅和高效。

以下是某印刷公司在生产物流管理方面的几点具体做法。

1. 物流过程中的保护措施

上机前的白纸、半成品、成品在上下工序流动过程中，均以塑料薄膜缠绕保护，对整台产品加标志，这种措施使产品在搬运过程中得到防护，牢固而不易倒塌，因此可加快运输速度。此外，因整台产品码放后及时被防护，不存在台上的产品被搬移的可能，如整台被破坏将很容易判断并及时清查，这样只需查看整台产品的标志，就能清楚得知产品数量，提高了产品数量清点的效率和准确性。

2. 统一定制码放产品用台板

不同车间根据本部门常见产品种类和规格，定制了相应规格的可重复使用的塑料卡板，并分别用不同颜色区分其所属部门。这种方式使得不同工序的半成品与台板相匹配，整齐美观，台板的使用井然有序，减少了台板不合适或找台板耗费无效时间，将无效工作减到最小。

3. 规范产品包装

所有产品在制造加工的同时，均同时加工完成具有明确标志且与产品规格相匹配的成品包装箱，包括产品名称、每箱数量等要素。如属国内运输，则按国内运输的标准制作；如是发往国际，则包装箱、卡板按国际标准制作。清晰的标志提高了货物查找的准确率，对成品货物运输体积和重量的估算更为准确，为成品运输提供可靠资料，使运输车辆的准备有据可依。

三、成品物流管理

成品物流是指将完工产品从企业交付到用户之间的物流。

在成品物流的运作中，某印刷公司的成品物流部门可以说是充当了管理者、调度者的角色，执行者是合作的第三方物流公司。公司将成品物流外包给专业物流公司，目前公司采用的物流公司有三家，每年以招标的形式决定选择合格的物流服务供应商。由于专业化分工越来越细，在快速发展过程中，企业不可能各项工作都亲历亲为，选择专业化的物流公司，公司只对物流公司进行管理，可以更好地达到管理成品物流的目的，公司可以集中精力做好自己的核心业务。

成品运输工作虽为外包，但第三方物流公司在公司成品管理办公室内设立办公点并准备足够的运输车辆，全天候根据公司成品出库和送货单，与公司运输调度人员密切配合，完成运输任务。公司在日常管理上采取很多措施来监控物流公司的服务情况，如提前4小时备好车辆，与送货人员保持畅通的手机联络、规范的送货单回单等。

由于客户要求的改变，现代企业的生产方式也发生了较大的转变，即从大批量生产转向精细的准时化生产，要求企业能以最快的速度把产品送到用户的手中，以提高客户对市场的快速响应能力，使客户的产品增值，这就要求企业的物流系统具有和生产加工体系协调运作的能力，以提高企业敏捷性和适应性。因此，物流管理不仅是保证生产过程连续性的必要前提和企业降低成本的直接要求，还是为客户提供增值服务的重要手段。

【训练】

1. 结合所学内容与案例，从生产布局与物流管理、生产物流管理、成品物流管理三个方面，说明该公司采用了哪些管理措施及其作用。
2. 说明印刷品的销售渠道有哪些。

第五节　印刷企业设备管理

【任务】认识印刷企业设备管理，掌握机台管理与设备维修的要求与内容。

【分析】结合印刷工艺与操作知识，掌握机台管理的要求，了解印刷设备维修的有关规定。

印刷企业设备管理主要包括机台管理与设备使用维修等。

一、印刷机台管理

印刷机台管理主要是负责观察记录印刷机器状况、设备维修状况与人员水平状况。

1. 印刷机器状况

（1）纸路情况。纸路工作状况直接涉及印刷效率和成品率，也与印刷品的套印精度、重影、起褶、甩角等密切相关。通常可以根据印刷机纸路工作情况，进行用纸选择。下面以某印刷机的机器状况为例进行介绍。表5-5为纸路状况记录表，按机器的部位描述了走纸状况，可以看出其各部位工作状况，以供操作人员决定印刷机的速度和压力等。

表5-5 纸路状况记录表

纸路	工作情况
①供纸器走纸	供纸器是否出现双张或丢纸、纸张歪斜等故障
②输纸板走纸	纸带是否过松，纸张是否出现歪斜或起褶等
③规矩部分定位	纸张是否准确到位，侧规是否正常拉纸等
④递纸牙走纸	纸张是否准确平行向前传送，纸张是否起褶，纸张有无边角起皱现象，纸张有无裂口现象，有无强噪声存在
⑤第一色组传纸	纸张在各色组内准确传送，纸张有无向后滑动问题存在；纸张有无起褶现象，纸张有无边角不平现象
⑥第二色组传纸	
⑦第三色组传纸	
⑧第四色组传纸	
⑨收纸部分的传纸	纸张在收纸时有无裂口现象，纸张尾部有无卷曲现象，纸张有无背面蹭脏现象，纸张有无歪斜不平现象

（2）墨路状况。墨路状况对于保证印刷品的墨色均匀性等具有重要意义，它会造成浮脏、墨杠等问题。表5-6为墨路状况记录表。

表5-6 墨路状况记录表

墨路	工作情况
第一组墨路	油墨是否准确稳定向下传送，墨路里面是否水分过多，串墨辊表面是否有脱墨现象，着墨辊表面油墨是否均匀，重辊表面是否杂物过多，墨路里面各辊之间的压力是否均匀，各着墨辊与印版之间的压力是否符合规定的分布要求等
第二组墨路	
第三组墨路	
第四组墨路	

（3）水路状况。水路状况对保证印刷品的墨色均匀性和水墨平衡等具有重要意义，它会造成白杠、滚筒墙板生锈等问题。表5-7为水路状况记录表。

表5-7 水路状况记录表

水路	工作情况
第一组水路	润版液供应是否稳定，串水辊表面是否有脱水现象，着水辊与印版表面之间压力是否均匀，分布是否正确等
第二组水路	
第三组水路	
第四组水路	

此外，还需要对油路、气路、电路等状况进行详细记录。而且有时会要求具体到某个部件上，以墨路为例，分别对墨斗、传墨辊、串墨辊、匀墨辊、着墨辊、墨辊起落架、墨路调压机构、刮墨器、重辊等记录工作情况。

2. 设备维修状况

设备的历史情况非常重要，所以要建立设备维修档案。表5-8为某印机的工作运转与维修方面的情况记录。

表5-8 设备工作运转与维修情况记录

设备	工作情况
1. 供纸器走纸	走$100g/m^2$纸比较好，走$60g/m^2$以下纸不好
2. 输纸板走纸	有时容易跑偏
3. 规矩部分定位	薄纸定位不准
4. 递纸牙走纸	$60g/m^2$以下纸容易起褶
5. 第一色组传纸	有重影，左半部套印不准
6. 第二色组传纸	有墨杠，局部套印不准
7. 第三色组传纸	实地不平，薄纸一边甩角
8. 第四色组传纸	良好
9. 收纸部分的传纸	纸张背面容易蹭脏

3. 操作人员状况

操作人员状况对于设备的工作效率也有很大影响，同样的设备可能因不同人员的操作造成印品质量大相径庭，所以理想的选择是具备丰富操作经验且业务水准高的操作人员。在胶印机的岗位设置上，通常配有领机、大助、二助和三助。如一台四色胶印机需要3~4人，由三助负责供纸器与输纸板，第二个人负责水墨平衡，第三个人负责抽样检查、找规矩、调墨色等，领机则负责抽样以及全面质量监控。对这些人员的要求不同，表5-9为某企业所列的操作人员水平要求。

表5-9 操作人员水平要求

人员	水平情况
领机	开机时间比较长，能够处理比较复杂的问题，实践经验丰富，但理论水平稍差，组织能力一般
大助	开机时间比较长，但主要开国产设备，对进口机器不是很熟悉
二助	主要开单双色机，时间较短
三助	开过小胶印机，大胶印机接触比较少
实习生	刚从学校或其他岗位调过来

二、印刷设备合理使用

设备的效能是通过使用发挥出来的，合理使用设备能够延长设备的使用寿命，充分发挥其效能。下面为印刷机操作的一些基本规范要求：

（1）纸张的走线应该在机器的中线，这对机器上的各个部件传纸都是非常有利的。

（2）纸张的边缘距侧规挡板的距离应为5~8mm。

（3）纸张的叼口应控制在8~10mm。

（4）印刷压力要达到规定要求。

（5）水墨辊的压力要正确。
（6）水量和墨量的调整要按规定进行。
（7）喷粉应用最低值。
（8）机器速度要对应产品的要求。
（9）橡皮布的松紧符合规定要求。

一般印刷机的操作步骤如下：首先检查印刷机的各个部位的工作状态，是否能够正常开车（必须点车走纸），观察纸张在各个位置的状况，如果不在机器中间，距侧规多远，两边的侧规对纸张运行有没有影响。还要观察纸张叼口是否正确（观察牙印）；前规帽的高度是否合适；纸张在机器中间传递是否有蹭脏等问题；纸张在收纸部位是否整齐；齐纸机构各部件是否调整到位等。在机器正常运转后，操作人员要进行套印调整，套印无误后再进行墨色调整，墨色达到规定要求后，再要求带班人员签字，确认印好的样张。操作人员按此样张开机印刷。印刷时须注意脏点、花版、糊版、蹭脏等故障。

三、印刷设备维修

设备维修是对使用中的设备进行维护保养和修理的总称，是设备在有效使用期内的一项必要工作，旨在减少或补偿设备的有形磨损。

1. 印刷设备的维护保养

设备的维护保养，是指对使用中的设备进行清洁、润滑、紧固、调整等一系列工作，一般按"三级保养制"进行。日常保养，又叫例行保养，主要由操作者在班前班后进行清洁、润滑及部分调整等。一级保养，主要是对设备的重点部位进行拆卸清理、调整间隙、清洗换油等。一般由操作者执行，维修人员指导。二级保养，主要是对设备进行局部解体、修复或更换零部件，以恢复设备基本精度、校正设备基准。一般以维修工人为主定期进行，操作工人配合。

以一般印刷机的维护保养为例，通常要求一个班三个月之内必须进行一次保养，如果设备是24小时不停使用，可能要求该设备一个月左右就要保养一次。进行设备保养要做好保养记录，如表5-10所示。

表5-10 印刷机保养情况记录表

设备	保养情况记录
（1）供纸器	各部件工作基本正常，厚纸时气量略显不足
（2）输纸板保养情况	板面略有变形，输纸布带连接部位不平整
（3）规矩部分保养情况	规矩定位基本准确，个别部件略有松动
（4）递纸牙保养情况	牙垫略有磨损，厚纸时套印准确，薄纸时纸张有滑动
（5）第一色组保养情况	个别水墨辊不平整，跳动大于0.15mm，滚筒表面生锈，离合压机构工作不灵活，有卡死现象；版夹子工作不灵活，表面有锈；压印滚筒牙排略有不平，叼薄纸时容易滑动
（6）第二色组保养情况	
（7）第三色组保养情况	
（8）第四色组保养情况	
（9）收纸部分保养情况	收纸牙排力量有点偏小，实地大的产品容易"上楼"；收纸链有所松动，噪声比较大

2. 印刷设备的修理

设备修理，是指对设备损坏的修复，通过修理或更换已经磨损的零部件，恢复设备效能。设备修理是对有形磨损进行的部分补偿。按照维修工作量的大小和维修的内容要求，分为小修、中修、大修三个类别。小修只对设备局部解体，修复或更换少数零件，以保证设备正常运转；中修要对设备部分解体，修复或更换较多零件，要求恢复设备的主要精度并校正设备基准坐标；大修要对设备全部解体修理，全面恢复出厂时规定的精度和性能。

印刷企业进行设备维修有三种制度：计划预修制度、保养维修制度、预防维修制度。

（1）计划预修制度是以设备的使用和正常磨损规律为基础，有计划地进行设备的维护、检查和修理，始终保持设备的完好状态。计划预修制通常采用标准修理法、定期修理法和检查后修理法。

（2）保养维修制度是由一定类别的保养和一定类别的修理组成的设备维修制度，如两保两修制（由一、二级保养和中、大修组成）。

（3）预防维修制度是以设备使用时间和技术状态分析为基础，根据不同情况选择相应的维修方式，保证设备体系运转正常。

3. 印刷设备管理档案

印刷企业通常都会给每台设备建立详细的管理档案，特别是对价值高的设备，要求其档案内容必须非常细致。一般印刷设备档案应包括以下内容：

（1）机器外表状况：有无明显碰撞痕迹，表面上脏情况，有无生锈或缺少零部件，有无裸露电线情况。

（2）机器内部状况：有无松动部件，有无磨损部件，有无变形部件，有无干涉部件。

（3）机器运动状况：有无异常声音，有无明显振动，有无运动规律畸变部件。

（4）机器精度状况：整体精度明显下降，局部精度明显下降，个别零部件精度明显下降等。

（5）机器速度状况：速度明显下降，速度明显不均匀。

（6）机器维修情况：小修、中修、大修等情况，零部件更换情况。

表 5-11 为某印刷设备档案表。

表 5-11　某印刷设备档案表

机器型号	档案内容		检查人员及日期
	具体项目	具体内容	
机器外表状况	供纸器	递纸吸嘴不回位	
	护罩	表面有油，某处密封有问题	
	滚筒	版滚筒表面生锈，印刷品面积受影响	

续表

机器型号	档案内容		检查人员及日期
	具体项目	具体内容	
机器内部状况	供纸器凸轮	严重磨损	
	第二组开牙板	轻微磨损	
	叼牙情况	个别叼牙变形，接触不到纸	
机器运动状况	供纸器部分	运动不稳定，容易造成纸张歪斜	
	规矩部分	侧规拉纸有误差	
	第二组开牙球	有异常噪声	
	收纸链排	链排与滑道撞击声音过大	
机器精度状况	规矩部分	侧规定位不准	
	第二组套印	横向套印误差	
	第三组墨色	左右不匀，有供不上墨的现象	
机器速度状况	标准厚度纸张	速度可以开到12000转/时	
	卡纸	6000转/时	
	新闻纸	7500转/时	
机器维修状况	电机	发热烧毁，更换过	
	偏心套	橡皮滚筒两端偏心套更换过	
	收纸链排	因交接时与滚筒相碰，更换过两排	

【案例】印后设备的管理与维护案例

一、车间设备维修及保养工时包干规定

为了便于管理，促进生产，落实日保、周保及机械维修，按单机工作量确定每月工时。如胶订联动线全机全年给出13天的工时，用于维修和保养。机组按实际工作情况自行分解到配、包、切工段。落实了小故障的排除，机组内及时维修，按要求进行日保。在工资待遇上，提高机组人员的工作积极性。

1. 日保：加油点加油，并进行机械表面清理。

2. 周保：固定加油点加油，检查各传动部件皮带松紧，轴及轴承、齿轮键的松动情况，时间为每周六上午8时。

3. 月保：各部位进行全面检查、保养，并将运行情况记录入档。时间为每月最后一个周六上午。

二、设备保养规定如下

（1）在设备的三级保养中，设备日常保养是最重要的，设备的使用人员应具有主人翁精神，以科学的方法和务实的作风，正确使用和精心保养维护设备。

（2）设备的日保养由各机台领机和操作人员负责，坚持每天上班前完成设备的清洁及地面卫生。

(3) 领机必须熟悉使用的设备，严格执行设备的操作规程。

(4) 根据各机器的特点和设备润滑规定，按油杯、油盅、油管、油眼及滚动、滑动部位的不同要求和规定的加油次数，由各班次分别加油。经常检查油标、油箱及润滑系统的状况，保证各机体的润滑。

(5) 通过看、摸、听、试等方式观察，检查设备的传动系统、仪器、仪表、电气控制按钮、电机及附属设备是否工作正常，发现异常应立即停机检查。

(6) 下班前擦洗机器外表，如外露滚动、滑动面及主要机件，整理工具，检查机件是否有明显磨损及螺丝是否松动。

(7) 各机台做好交接班工作，确保机器工作的连续性和稳定性。

【训练】

1. 简述印刷企业机台管理的内容有哪些。
2. 结合本节学习内容与案例，说明印刷企业设备维修须注意哪些问题。

第六节 印刷企业技术管理

【任务】认识印刷企业技术管理，了解印刷企业的工艺管理与技术档案。

【分析】结合所学印刷工艺知识，学习技术与工艺管理的基本内容。

印刷企业技术管理是印刷企业用于计划、开发和实现技术能力，从而影响和完成组织战略和运营目标的一系列与工程、科学、管理相关的活动。它包括印刷企业的技术战略确定，技术选择，技术和设备引进活动，印刷企业技术能力开发，印刷企业工艺管理等一系列活动。

一、印刷企业技术选择

技术选择是企业为了提高自身的竞争优势，选择适用性的技术应用于企业的产品。企业通过技术选择，可以在以下三个方面提高竞争优势。

(1) 创造全新的业务。例如，某书刊印刷企业传统业务是图书印刷，企业通过引进数字印刷技术，实现了为零散社会客户的个性化、按需印刷服务，新的业务具有较高的赢利率。

(2) 改变现有竞争领域的竞争规则。例如，印刷企业通过引进计算机信息管理和客户服务系统，可以更好地进行生产管理、质量管理、周期控制等，如果将印刷企业的系统和客户连接起来，就可以更好、更快地了解客户需要，按客户的需要实行灵活的生产和经营，为客户创造价值，同时提高自己的市场地位和赢利水平。

(3) 支持现有业务。企业技术选择支持现有业务是通过技术创新实现的，技术创新分为产品创新和过程创新（工艺创新）。产品创新就是向市场提供一种新的产品，可以是全新的产品，也可以是改进的新产品。过程创新就是引进一种新的生产、制造或服务过程。例如，票据印刷企业通过引进数字印刷机印制票据，淘汰用落后的号码机印制号码，实现了产品创新和过程创新。虽然企业面向的还是票据印刷市场，但是，企业的产品质量大大提高，交货期缩短，生产效率提高，可以更好地满足客户的需要，提高企业的竞争优势。

二、印刷企业工艺管理

工艺管理就是要采用工艺技术手段来提高印刷产品质量或解决印刷生产中出现的技术问题。比如，需要印刷风景画面，则应该先印品红、后印青，这样蓝色被遮盖最少。如果印刷人像，则需要后印品红，从而使品红遮盖最少。再如亚粉纸干燥比较慢，高速印刷时要使用快干墨，否则会引起蹭脏。在印深色时最好使用底色去除的方法，而尽量不用三色叠印方法以免造成墨层过厚。再比如对于印刷品表面蹭脏问题。首先，排查机械方面原因，再从工艺角度考虑：蹭脏是因为纸张吸墨性太差，造成滞留纸张表面的油墨过多；还是墨量太大，来不及干燥；或是润版液 pH 值过小，造成干燥过慢；或是油墨干燥速度太慢，满足不了印刷速度要求。

新技术、新工艺的应用往往能显著提高印刷产品质量，如采用 CTP 版印刷，网点清晰度明显提高，上脏明显减少。同样采用高精度的晒版机，则晒制的印版均匀性明显提高。

技术获取是实施新工艺管理的关键。比如，在收纸链排上面加装抽气装置，可以最大限度减少空气中的多余杂质，从而避免对机器运动部件的腐蚀或磨损。

三、印刷技术档案

在印刷企业生产实践中，对于很多技术问题需要认真研究，因此建立技术档案是一个比较妥善的解决方法。技术档案的内容如表 5-12 所示。建立技术档案后，出现问题可以首先查询档案寻求解决方案，如解决不了则是新问题，需要重新研究解决方案。解决此问题后，再记录到档案中以备今后查用。

表 5-12 印刷技术档案表

序号	内容	解决方法	原因分析	备注
1	纸张起褶	减小压力	以前印刷用薄纸，未调压力	
2	横向套印不准	加大侧规拉纸力量	以前印刷用纸张幅面小，更换大纸后，未增加侧规拉力	
3	纸张尾部局部起褶	对应调整叼牙力量	以前印刷用厚纸，叼牙力量表现不明显	
4	印刷品表面蹭脏	更换快干墨	以前使用树脂墨，干燥速度慢	

【训练】

1. 印刷企业技术管理的概念是什么。
2. 举例说明印刷企业工艺管理的作用。

第六章 印刷企业综合资源管理

【应知要点】
1. 掌握人力资源管理的基本原理与知识。
2. 掌握成本管理的相关知识,了解印刷企业财力资源。
3. 掌握印刷企业管理信息系统的模块与职能。

【应会要点】
1. 能进行简单的工作分析。
2. 会计算印刷企业成本与利润。
3. 能看懂印刷企业管理信息系统模块图。

第一节 印刷企业人力资源管理

【任务】认识印刷企业人力资源管理,掌握印刷企业人员的岗位、职责与考核方面的相关知识与要求,了解人员激励与企业文化知识。

【分析】通过此节学习,重点掌握岗位分析与绩效考核技能。

现场面试

人力资源管理是对人力资源进行有效开发、合理使用和管理的过程。具体来讲,就是运用现代化的科学方法,对与一定物力相结合的人力进行合理的组织、培训和调配,使人力和物力经常保持最佳比例,同时对人的思想、心理和行为进行恰当的引导、控制和协调，充分发挥人的主观能动性，使人尽其才、事得其人、人事相宜，以实现组织的目标的过程。

一、人力资源管理基础知识

1. 人力资源管理基本内容

人力资源管理的基本内容包括工作分析与岗位评价、人力资源计划、招聘、培训、考核、薪酬管理、劳动关系管理等。各项职能间的关系和目标如图6-1所示。

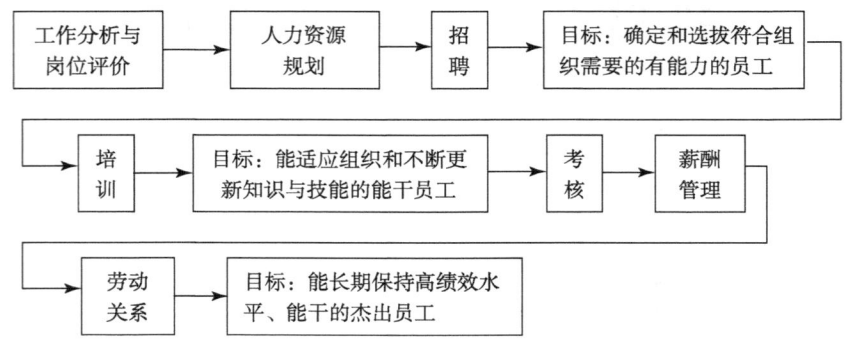

图6-1 人力资源管理各项职能间的关系和目标图

2. 激励的基本理论

激励，是指激发动机、鼓励行为、形成动力的过程。在管理学中，关于激励的理论很多，下面简要介绍其中几种。

（1）需求层次论。这是美国心理学家马斯洛提出的。他把人的需求总结为五层。

马斯洛认为，人的需要是有层次的，是由最低层次需要逐渐向上发展到最高层次需要，只有未被满足的需要才是行为的激励因素，当人的某一级需要获得基本满足后，追求上一级的需要就成为驱动行为的动力（新的激励因素）；任何一个人在某个时候会有一个决定他们行动方向的主导需求。这一理论告诉我们，要调动职工的积极性，不仅要弄清人们有哪些需要，而且需要弄清其最迫切需要以及发展趋势。如图6-2所示。

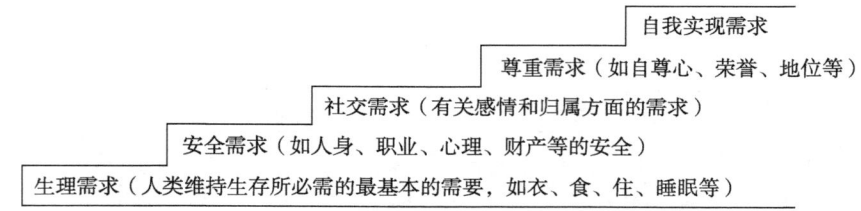

图6-2 需求层次论

（2）双因素理论。这一理论把激励因素分为两大类：保健因素和激励因素。保健因素不能直接起激励职工的作用，但能防止职工产生不满情绪。它就像卫生保健一样，只能预防疾病，而不能提高健康水平。这类因素通常是工作环境和工作关系方面，例如工资、监督、安全、工作环境、人际关系等。激励因素则能产生使职工满意的积极效果，并且激励职工的工作热情。这类因素通常是工作本身或工作内容方面的，例如赏识、提升、成长的可能性、责任、成就等。不过，这两类因素都不是绝对的，它们可以互相转化。

（3）公平理论。这一理论在分配上有很强的现实意义。其基本观点是，当一个人作出了成绩并取得报酬以后，他不仅关心所得报酬的绝对量，而且关心自己所得报酬的相对量。因此，他要跟别人以及自己的过去进行比较来确定自己所获报酬是否合理。用公式表示如下：

$$\frac{对自己报酬的感觉}{对自己投入的感觉} = \frac{对他人报酬的感觉}{对他人投入的感觉} = \frac{对自己过去报酬的感觉}{对自己过去投入的感觉}$$

当以上等式不成立时，员工就可能有不公平的感觉。

二、印刷企业定员管理

人均产值是一个企业效率高低的重要指标，企业在追求利润最大化的过程中，降低人力成本开支是一个重要方面。衡量人力成本主要看平均工资和平均产值，如果两者相差越大，说明企业的人力资源情况越理想。对于印刷企业而言，从以往统计结果看，人均加工产值必须达到10万元以上，企业才能保证正常的利润，当然个别印刷企业可以达到50万元或更多，说明其在人均产值方面是相当不错的。

要想实现人均产值高这一目标，就要准确设置岗位。在设岗之前，要明确企业都有哪些工作任务，任务量有多大。如制版车间需要设计、扫描、制作、出片、晒版等岗位人员，印刷车间需要印刷、维修、调度等方面人员。任务明确后按任务分岗，设置相应的工作岗位，然后再根据任务量确定每个岗位的职数。对于岗位职数，不能只考虑任务量，有时还要考虑职数确定的总工资额度。如果某职数造成该工资额度过高，在生产预期下影响企业正常利润，则需要调整职数。

印刷企业人员通常分为三类。

（1）高级人员。包括高级管理人员和高级技术人员，这两种人员缺一不可。当然如果是复合型人才，既懂技术又懂管理则更佳。这类人员有厂级干部（总经理、财务总监、人事主管、生产主管）、高级工程师、高级技师等。

（2）中层人员。这是企业的栋梁，企业绝大部分决策都需要此类人员去执行完成。中层干部通常是各部门的技术能手也是管理能手。对于中层人员的设置不可随意进行，要根据实际情况确定职数，但每个关键部门都要配备一名，如制版部、晒版打样部、印刷部、装订部、办公室、财务部等。

（3）一般员工。即主要的生产人员。虽然这部分人员工资不高，但总数多造成工资总额大，需要合理考察其职数。以印刷机台为例，一般四色机用工需3人或4人，能用3人最好。

三、印刷岗位工作分析

工作分析是根据岗位工作的事实，分析工作的性质、难易程度、责任轻重以及执行工作应具备的工作技能与经验，从而确定担任本工作所需要的资格条件。进行工作分析的主要内容是编制"工作描述"和"工作说明书"。工作描述即具体说明某一工作的特点，包括职务名称、工作活动和程序、工作条件和物理环境、社会环境、聘用条件等。

工作说明书是完成职位要求所应具备的知识、技能和素质的要求，又称职务要求。表6-1为某印刷企业的印刷机长职务说明书（节选），详细说明了该岗位的职责内容。而本岗位的知识与技能要求，印刷企业一般会参照《平版印刷工国家职业标准》的高级工或技师等级的要求。

表6-1 印刷机长职务说明书（节选）

职务说明书—Ⅰ 工作区：一楼印刷车间		对象	职务
		印刷机机长	印刷车间
时间	职　责		
开始交更 （交更前检查） （8:20~8:25）	1. 检查前一更产量状况 2. 检查当日机台菜单，检查数据是否齐全，并将所有色稿按排单顺序挂起 3. 确认当日目标 4. 检查机台的锌版、纸、油墨供应情况，若有必要，通知班长		
开始交更 （正常交更） （8:25~8:35）	1. 检查确定所有机员准时各就各位 2. 与前一更机长完成交更，追踪前一更发生的任何问题 ● 检查前一更阻碍产量之原因，若有必要，通知班长 ● 检查前一更出现之质量问题，若有必要，通知班长 ● 检查前一更之5S、质量等机台状态 ● 检查前一更之补纸记录，防止出现同一原因补纸		
正常工作时间 （8:35~12:15）	1. 看清楚工单，核对锌版、油墨、用纸等准确无误 2. 按照班长设定的车速，尽量在标准生产时间内完成工单指定的数量 3. 按标准自检频率进行自检，所有自检印张要在辅助灯台上呈鱼鳞状排列，每自检一张都要同以前的印张对比，防止出现鸳鸯色 4. 校版坏纸要清理干净，不得混在大货中，清理次品 5. 发现次品如超过三分钟才能解决的，应尽快通知班长到场 6. 巡视机台以检查以下情况： ● 机员是否遵守安全规定，是否有不安全的情形 ● 检查作业流程，监督人员按标准作业 ● 检查纸、锌版、油墨供应量是否对应工单生产进度 ● 转版时检查机台状态是否偏离标准 ● 维持机台标准5S状态 7. 在实际生产中接受上级指导标准作业 8. 训练机员各项技能 9. 执行预防自主保养计划 10. 执行精益各项工作 ● 改善不良品和退货率　　● 缩短校版时间 ● 流动5S　　　　　　　　● 减少纸张损耗 ● 能率向上　　　　　　　● 自主保养		
午餐时间 （12:15~1:15）	午餐休息时间		
正常工作时间 （1:15~5:30）	与上午正常生产情况一致		
晚餐时间 （5:30~6:30）	吃饭休息		
加班时间 （6:30~8:25）	同正常工作时间一样		

续表

职务说明书—Ⅰ		对象	职务
工作区：一楼印刷车间		印刷机机长	印刷车间
时间	职 责		
开始交更 (8:25~8:35)	1. 同下一更机长完成交更工作 2. 对5S缺陷进行最后整改 3. 确认明日产量目标 4. 5分钟小会，向机员通报当日情况和明日生产安排		
不定时工作项目	1. 上级临时指派的工作 2. 控制使用物料有无存在浪费 3. 批阅本区生产报表，针对出现质量、效率、错失、5S等问题制定改善措施并落实执行		

四、印刷企业人员选聘

人员选聘是指企业为了生存和发展的需要，在企业内外选择、聘用适宜的员工的全过程。

人员选聘的基本程序如下：

（1）选聘决策。是指企业中的最高管理层关于重要工作岗位的选聘和大量工作的岗位的选聘的决定过程。选聘决策首先由用人部门提出申请，人力资源开发管理部门复核，最后由最高管理层决定什么岗位需要选聘，每个岗位选聘多少人员等。

（2）发布选聘信息。选聘决策后，通过报纸、杂志、电视、电台、布告和新闻发布会等进行信息发布。

（3）选聘测试。是指在选聘过程中，运用各种科学方法和经验方法对应聘者加以客观鉴定的各种方法的总称。选聘测试有心理测试，知识考试，情景模拟和面试四种。

（4）人事决策。即人事任免决策。人事决策是人员选聘的最后一环，也是十分重要的一环。如果前面几个步骤都正确无误，但是最终人事决策有误，企业仍然选聘不到理想的员工。

人员选聘的检测手段分为非心理因素检测手段和心理因素检测手段。非心理因素检测手段包括知识考试、情景模拟、面试等；心理因素检测手段通常包括智力测验、个性测验和特殊能力测试。

【案例】 某印刷机长招聘广告

某某印刷有限公司招聘罗兰机长

公司性质：合资　　　　　　注册资金：×××万元　　公司规模：1000人以上

职位要求工作经验：五年以上　工作待遇：面议　　　　学历要求：中专以上

招聘人数：1人　　　　　　　性别要求：不限　　　　　现所在地：某市

招聘时间：××××

职位要求岗位职责：

● 领导机台人员；

● 领导，分派5S工作；

● 印前要核对生产工程单，确保所有相关的材料包括蓝纸和色稿已经到位；

- 最有效地安排分派工作，准时完成生产任务；
- 减少消耗、杜绝浪费，保证印数准确，在每班开始和结束时统计总印数；
- 严防调机废页和白页混入下道工序；
- 确认日报表、工作记录表、数量记录表、设备检查表、材料领用记录表及有关的其他报表填写准确；
- 确保机台员工做好［pH值］检测工作及程序规定中的其他工作；
- 确保员工严格执行公司的各项劳动纪律；
- 提醒员工关于设备、人员的安全，发现设备有异常情况要及时向主管汇报；
- 要求员工遵守所有的EHS规章，保持环境卫生；
- 向主管报告任何特殊情况，解决技术性的问题，提高生产效率；
- 确保员工按规定的程序工作；
- 若员工间缺乏合作，立即向主管报告并提供解决方法；
- 帮助培训没有经验的员工；
- 完成上级交办的其他工作。

入职要求：
- 聆听和传达领导指示；
- 注意细节和优先等级，灵活的同时完成好各项生产任务；
- 适应各种沟通方式和不同程度的理解能力；
- 良好的中文沟通表达能力；
- 对于质量、机器简单维护、生产速度和员工职责能独立地作出决定；
- 要有中专或高中以上学历；
- 要有5年印刷专业工作经验；
- 要有一定的基层管理能力及印刷生产流程工作经验。

五、印刷企业绩效考核

绩效考核是一种员工评价制度，它是通过系统的方法、原理来评定和测量员工在职务上的工作行为和工作效果。绩效考核的最终目的是改善员工的工作表现，以达到印刷企业的经营目标，并提高员工的满意程度和未来的成就感。

（1）生产管理人员的考核。这类人员考核，定性考核过于主观，定量考核又难以量化计算，所以必须找准考核指标并给予量化。比如，工艺部门的考核指标是下单的数量及工单按要求完成情况两个指标，前者表明工作强度，后者说明工作质量。如果下单数量越多，且出事故率越少，说明工作表现越好。调度部门的考核指标是生产进度执行情况和生产产品的质量情况。生产进度执行情况包括正常进度完成情况与临时加急业务的处理情况。不管是什么样的业务与客户，要求调度工作必须准时完成印刷任务。生产质量也是非常重要的考核指标，因为印刷质量直接影响到客户的满意程度。有时，调度的正点率也是考核的代表性指标，每个工单正点则给予奖励，误点则给予罚款。

（2）拼晒版人员的考核。此类人员通常可享受一定的底薪，业绩工资可完全按照拼晒版的数量进行计件。如果出现晒坏版等有损失的情况，则承担相应一定比例的罚款。此外，对于不同等级的技术工人，可考虑发放不同比例的差额薪水。

（3）印刷机台人员的考核。常用的办法是机台打包制，即对机台整体考核，不是对每一个人考核。其次要制定相应的责任比例，作为奖惩依据。考核的内容包括产量、质量、机器状况、环境卫生状况，与其他部门协作等方面。

机台打包制，假如实行计件工资，每台机器每印一万印假定为50元，则每百万印为5000元。再加上机台上共有四名工作人员，每人底薪500元，则总计7000元。

机台比例制，即按照不同人员的责任确定比例，如领机承担50%责任，大助、二助、三助分别为25%、15%、10%，则比例为5∶2.5∶1.5∶1。那不同人员的工资就按照机台总薪水乘以这个比例。

机台综合效益打分制，即对机台的考核要综合产量、质量、设备状况、环境与协作关系等。如产量每万印1分，每月约100分，设备状况满分20分，环境卫生满分10分，协作关系满分5分。机台的综合效益为：

每分效益 =（总产量所得 − 质量扣款费用）/（产量分数 + 其他总分数）；

机台总收入 = 每分效益 × 总分数 = 总产量费用 − 质量扣款费用；

机台实际收入 = 总产量费用 − 质量扣款费用 − 其他扣分 × 每分效益。

（4）依据印品质量考核办法。印刷企业结合自己的印品质量标准确定印品的合格率，并对合格率进行分级。如表6-2所示为合格率的分级情况。

表6-2　合格率的分级情况

存在问题	A级	B级	C级	D级
严重质量问题	0.1%	1%	2%	3%
一般质量问题	1%	3%	5%	6%以上

根据这些质量问题制定相应的考核标准，考核标准要将整个相关人员全部纳入考核范围，这样才能保证奖惩分明。如表6-3所示为责任系数情况。

表6-3　责任系数情况

领导层	A级	B级	C级	D级
第一层领导	10%	0%	−15%	−20%
第二层领导	30%	0%	−30%	−35%
第三层领导以下	60%	0%	−55%	−45%

注：以责任系数为准核发质量奖金，负值则需扣除相应津贴。

（5）业务人员的考核。对业务人员的考评得当将促进其业绩增长，通常印刷企业将业务量与回款额作为两个重要的考核指标。如表6-4所示为业务员考核表。

表6-4　业务员考核表

	本月定额	实际定单	得分	本月应收	实际回收	得分	客户投诉次数	得分	厂内投诉次数	得分	总分
业务员甲											
业务员乙											

表6-4中，前两项各40分，按百分比进行折算；后两项各10分，按投诉次数进行

核算。以此形成对业务人员的量化考核,并据此发放其薪水。当然,不同岗位的业务人员定额不同,要求上体现了差距。

六、印刷企业人员激励

1. 物质激励的方法

(1) 工资管理。工资管理的目标是多方面的,包括:吸引和留住优秀员工;鼓励员工积极提高工作技能和工作效率;控制运营成本。工资从具体形式上可以分为计时工资、计件工资、奖金、津贴、补贴等。

(2) 福利管理。福利的管理要达到的目标是:发挥福利应有的凝聚力作用与降低福利成本。职工福利的内容可分为两大部分:法定福利和企业福利。法定福利是政府通过立法要求企业必须提供的,例如,我国职工的法定福利包括员工集体生活设施(食堂、浴室等)、集体文化娱乐设施(员工俱乐部、员工活动中心等)、员工困难补助、必要的补贴(探亲待遇、上下班交通费补贴、冬季取暖补贴等)。企业福利是企业在没有政府立法要求的前提下主动提供的,例如工作餐、旅游、通信补贴等。

(3) 其他方式。目前,我国的印刷企业采取的激励方式还有职工持股计划与股票期权等。

2. 精神激励的方法

(1) 目标激励。有效的目标能产生极大的激励力量。企业目标要起到激励作用,关键是要得到职工的认可。这就要求企业目标要有一定的层次和高度,要让职工感受到实现目标对自己有什么好处,要让职工看到自己在实现目标过程中的角色和贡献。

(2) 榜样激励。"榜样的力量是无穷的",企业可以通过评选先进树立榜样,这些先进就在员工身边,与员工朝夕相处,其榜样作用比英雄模范人物要大得多。

(3) 荣誉激励。古往今来,荣誉激励都是一种有效的激励手段。但企业在应用这种方法时有两点要注意:一是注意荣誉对职工的吸引力,不要让荣誉庸俗化、泛滥化;二是要注意以什么方式把荣誉授予职工。

(4) 感情激励。感情激励就是加强与职工的感情沟通,尊重职工、关心职工、与职工建立平等、亲切的感情,它要求领导者发自内心、真诚地关心职工;虚假的感情不但起不到激励效果,甚至可能适得其反。

(5) 兴趣激励。这是一种用人的方法,应用这种方法,一是要了解员工的兴趣所在;二是要针对其兴趣给予机会。"做自己喜欢的事"几乎是所有人的理想,用好这种方法,可以极大地激发员工的内在动力。

(6) 形象激励。即通过光荣榜、宣传栏、闭路电视等传播渠道直观地宣传先进模范人物的形象。

(7) 参与激励。这种方法的核心是使员工有主人翁感,树立主人翁精神,让员工参与企业的决策过程,如班组民主化管理、合理化建议制度、一日厂长制等。

【案例】技师为什么要离去

印刷技术工程师王某,印刷学院高材生,毕业后工作已8年,于4年前应聘到一家大印刷厂负责技术工作,工作诚恳负责,技术能力强,很快就成为厂里有口皆碑的"四大金刚"之一,名字仅排在厂技术部主管陈工之后。然而,工资却同仓管人员不相上下，夫妻小孩三口尚住在来时住的那间平房。对此，他心中时常有些不平。

黄厂长，一个有名的识才的老厂长，4年前，王某调来报到时，门口用红纸写的"热烈欢迎王某工程师到我厂工作"几个不凡的颜体大字，是黄厂长亲自吩咐人事部主任落实的，这确实使王某当时工作更卖劲。

两年前，厂里有指标申报工程师，王某属于有条件申报之列，但名额却让给一个没有文凭、工作平平的老同志。他想问一下厂长，谁知，厂长却先来找他了："小王，你年轻，机会有的是"。去年，他想反映一下工资问题，这问题确实重要，来这里其中一个目的不就是想得高一点工资，提高一下生活待遇吗？但是几次想开口，都没有勇气讲出来。因为厂长不仅在生产会上大夸他的成绩，而且，有几次外地人来取经，黄厂长当着客人的面赞扬他："小王是我们厂的技术骨干，是一个有创新的……"哪怕厂长再忙，路上相见时，总会拍拍小王的肩膀说两句，诸如"小王，干得不错"，"小王，你很有前途"。这的确让王某兴奋，"黄厂长确实是一个伯乐"。此言不假，前段时间，他还把一项重任交给他呢，大胆起用年轻人，然而……

最近，厂里新建好了一批职工宿舍，听说数量比较多，王某决心要反映一下住房问题，谁知这次黄厂长又先找他，还是像以前一样，笑着拍拍他的肩膀："小王，厂里有意重点培养提拔你……"他又不好开口了，结果家没有搬成。

深夜，王某对着一张报纸的招聘栏出神。第二天一早，黄厂长办公台面上放着一张小纸条："黄厂长：您是一个懂得使用人才的好领导，我十分敬佩您，但我决定走了"。

讨论：是什么原因让王某决定离开该工厂？

七、印刷企业文化

企业文化，是以企业哲学为主导，以企业价值观为核心，以企业精神为灵魂，以企业道德为准则，以企业环境为保证，以企业形象为重点，以企业创新为动力的系统理念，是在一定的历史条件下，企业及其员工在长期的生产经营过程和变革的实践中逐步形成的具有企业个性的共同思想、价值观念、经营理念、群体意识、行动方式、行为规范的总和。它最大限度地尊重人、理解人、关心人、信任人；它培养和发挥企业及员工的创新能力，它引导企业主动适应知识经济时代经济知识化、网络化、全球化的大趋势；它不断增强企业的应变能力和竞争能力，极大地推动企业健康、快速、高效地发展；它促进企业立足国内，走向世界。企业文化产生和发展于企业自身，得到企业内部全体人员的认同与维护，并随企业的不断发展而日益强化，最终成为企业进步和发展取之不尽、用之不竭的精神源泉。

企业文化的主要内容如表6-5所示。

表6-5 企业文化的结构关系示意

处于层次	对应要素	变化情况	包含内容
表层文化	企业物质文化	最可变化部分	企业环境、企业器物、企业标志等
浅层文化	企业行为文化	可变化部分	企业经营、宣传教育、人际关系、文体活动等
中层文化	企业制度文化	较小变化部分	企业领导体制、企业组织机构、企业管理制度等
深层文化	企业精神文化	最小变化部分	企业精神、企业经营哲学、企业道德、价值观等

目前，国内许多印刷企业都在积极地发展带有自身特点的企业文化，并将此项工作作为企业发展的重要内容之一。下面这个案例是某印刷企业依托企业文化寻求发展并取得经营成功的典型案例。

【案例】依托企业文化 构建和谐企业

"在制作产品的同时我们力求3种产出：第一种是文化，第二种是人，第三种才是我们的产品和服务"——某印刷公司的管理信念。

上海某印刷有限公司成立于2002年9月，是一家专门从事书刊、画册印刷、装订的企业。目前公司拥有员工286名；技术人员占10%，有10年以上经验的熟练技术工人占28%。

在印刷行业，公司是个新兵，又是个小厂，如何起步，走什么路，定位非常重要，这关系到企业的成败。公司董事长确定了公司的方向：以企业文化为基础，走创新之路。有了方向，也就决定了产品的定位：以生产中高档画册为主，要充分体现画册的原创性，把文化内涵深深地融入到企业的产品中。由于明确了从摄影、创作、制作、印刷到装帧全套加工过程中确保作品的原创性的理念，公司员工在制作、加工的过程中把产品当做作品来对待，不但提高了产品的质量，也提升了自身的素质。

如今，走进崭新的公司大楼，感受到的是一种别样的文化氛围。左边一对陈旧的理发椅，寓意我们一切要从"头"开始，关键是要开好头；右边一个老旧的木制筛谷机，预示我们开拓创新，以先进的自动化设备摒弃落后的作坊式生产工具；迈进业务洽谈处，映入眼帘的是又一个木制的大型天平秤，暗示着公司的经营原则：公平、公正、诚信；来到食堂，几幅大型的摄影展览作品覆盖着墙面，凸显出公司的文化特征。

正是在这样的文化理念指导下，公司在规划新厂房时，有意识地创建了新颖别致、环境优雅的"南郊小院"，小院占地面积4000平方米，作为首家上海摄影爱好者的活动基地，可集会议、研讨、摄影、展示、棋类比赛、演艺、餐饮、住宿和职工业余休闲等为一体，以丰富多彩的基地活动形式更好地带动公司营销策略的实施，以达到艺术和技术的完美融合。目前已成功举办了如全国甲级围棋联赛上海赛区联赛、中国世界遗产摄影大赛评审等活动，接待了多批中外客户，收到了极为良好的社会效果。所有这些都体现了公司的文化底蕴。

该公司是如何依托企业文化，以品牌为载体，构建和谐企业的呢？

一、"以人为本"创建和谐的企业氛围

公司倡导"以人为本"的坐标观念，并刻意在制作产品的同时力求3种产出：第一种是文化，第二种是人，第三种才是我们的产品和服务。

公司认为，企业的重要资源之一是员工，要尊重人，培养互相关心、沟通顺畅和积极向上的工作氛围，真正把人看成生产力的第一要素，企业文化的群策群力、同心同德原则是公司经营管理的重要基础。为此，公司在建造新厂房时，充分考虑员工的居住条件及环境，修建了一栋总楼层为六层的员工宿舍大楼，每层均设有淋浴房、洗衣间、茶水间，且房间全部安装了空调并配备衣橱、写字台等，还配备了专职保洁员。周围绿树草坪、花木成荫，食堂布置整洁、宽敞，小卖部、乒乓球室、篮球场一应俱全。为保障员工的切身利益，公司还为所有外来员工购买了"外来人员综合保险"。

公司认为良好的企业文化是员工爱岗敬业的关键，也是留住人才的一个主要因素。虽然企业留住人才最常用的方法是增加薪水，但这是有限度的，良好的企业文化氛围才至关重要。

公司提倡"以制度管人，以感情留人，以品牌吸引人"。一次，公司一位普通员工的母亲得了急病，董事长知道后立即安排了一辆车连夜开了几百公里送这位员工回老家，并给了他2000元现金，要他好好照顾母亲。在场的员工无不为之动容，这位员工更是热泪盈眶。在这种人性化管理的感染下，公司在管理上处处体现出人情味儿。公司内上下级员工和睦相处，"没有特殊员工"。在中层干部会议上，公司要求："要关心、爱护员工，把员工看做自己的兄弟姐妹。"公司不但为员工提供高质量的免费食宿，还安排了十几间夫妻房，让员工在公司生活有家的感觉。

公司设置了"总经理信箱"，员工有意见、有想法，都可以通过这个信箱和总经理沟通。凡是来信的，总经理都会一一答复，好的建议还会在车间黑板上公布。互相信任、勇于自我检讨、为他人着想、为他人服务，这些是当前企业文化中不可缺少的要素。

公司就是以这样一种亲和的管理方式，增强员工的归属感，既要"留住人"更要"留住心"。

根据公司的发展计划、工作思路和经营理念，尽可能地为员工提供培训和发展机会，以提高员工开拓创新的能力，使有潜力的员工得以快速成长。现代化企业的发展已不再是靠员工简单的技能性操作就可以达到产品的品质、服务要求，事实上，现在无论哪个领域的企业，都更注重于员工的创造性工作，只有让员工全身心投入，才可能创造出更多价值。而前提是，企业必须注重对员工的培养，给员工创造一种温馨、宽松和积极向上的工作环境。

公司员工珍惜每一次表现机会，力求以最好的印刷品质赋予产品生命力。正是在这样的企业氛围中，通过全体员工努力，2007年公司产值达到8000万元。

二、建设以"品牌"为载体的企业文化

企业要长盛不衰，必须走品牌经营之路，把品牌作为企业的无形资产，以品牌的魅力影响客户的选择。具体而言，公司是这样解读品牌战略："真诚友善的接待；优良先进的设备；规范有序的工作；高质稳定的产品；准确无误的交期；尽善尽美的服务。"

公司认为，做企业其实成效不在朝夕，人心才是最宝贵的财富。机器不够可以买，知识不足可以学，唯有人心最难得。"人心"不仅指员工之心，还包括顾客之心。

公司的品牌文化建设已经取得初步成果，企业所加工的书刊、画册得到有关领导的好评，同时也得到众多顾客的称赞。比如，公司所加工的十七大代表使用的笔记本，尽管加工要求高、难度大，公司仍然克服种种困难，圆满地完成了任务，也因此得到了中央办公厅有关领导的表扬，称赞"质量上乘，符合要求，交货准时"。又譬如为市政府印制的《航拍上海》，上海市原政协主席蒋以任赞赏之余更亲自为画册题词。此外，公司还为黄浦区、静安区、长宁区、杨浦区、卢湾区等区政府印制了一批画册，宣传各区的人文地理、投资环境，为其招商引资做出了贡献。去年，公司印制的画册《经典黄浦》获得了第一届上海印刷大奖，画册《砚藏》获得了闵行区第六届"新航印杯"金

奖等。"要装帧好书，找某某公司"，公司这个品牌得到了社会同行的认可。

【训练】

1. 结合此节学习内容与案例介绍，从企业文化的内容与构成形式上谈谈该公司都采取了哪些管理措施。
2. 说明印刷企业进行绩效考核的主要方式有哪些。

第二节　印刷企业成本管理（财务资源管理）

【任务】认识印刷企业成本管理，了解财务管理基础知识。

【分析】要求重点掌握印刷企业成本管理的知识。

一个印刷企业是否能够很好地生存和发展，一个基本的前提就是企业要保证充足的现金流，使现金流入大于现金流出，保证企业生产、经营活动对资金的需求。印刷企业吸收投资者投资，向银行借款，向社会提供印刷产品或印刷服务等都可以取得现金的流入，企业购买印刷设备、材料，发放工资，缴纳税金，向投资者分配利润等活动都会发生现金的流出。以现金收支为主的企业资金收支活动构成了印刷企业的财务活动。具体来说，印刷企业财务活动包括企业筹资引起的财务活动、企业投资引起的财务活动、企业经营引起的财务活动和企业分配引起的财务活动。

一、印刷企业财务资源管理概述

1. 财务管理的概念

财务资源管理是以企业资金运动为对象，利用货币形式对企业经营活动实行的一项综合性管理工作。它既要管理各种财务活动，又要处理企业与投资者之间，企业与其他企业之间，企业与国家税务、金融、审计、物价、工商行政管理部门之间以及企业内部的各种财务关系，是企业管理中极其重要的组成部分。

2. 财务资源管理的基本内容

（1）资金筹集。从资金的运动形态来看，企业理财的第一步就是筹集资金，企业可以通过多种渠道筹集资金，形成自有资金和企业负债。企业从投资者、债权人那里筹集来的资金，可以是货币资金形态，也可以是实物、无形资产形态。

（2）资金投入和使用。企业筹集来的资金要合理地投放到生产经营活动的各个方面，通过购买、建造等过程，形成各种生产资料，货币资金转化为固定资产和流动资产等。

（3）资金收入和分配。企业通过销售过程把生产经营的产品销售出去，按照商品的价值取得销售收入，实现产品的价值，不仅可以补偿产品成本，而且可以实现企业的利润。税后利润分别用于弥补亏损、职工福利、扩大投资等方面。

（4）成本费用管理。企业通过对生产经营过程中发生的成本费用进行预测、计划、控制、核算、分析与考核，并采取降低成本费用等措施，以保证企业生产经营活动的最终成果，即目标利润的实现。

二、印刷企业成本管理

一般印刷企业比较重视降低物材消耗，减少人工成本等。但对成本管理体系，如成本战略、成本职责、成本效率的管理内容考虑并实施得很少。如果企业建立了全面成本管理的方法与制度，即可有效地进行成本管理。

1. 原材料管理

PS版、纸张、油墨等相关材料直接影响印刷品的质量，影响企业的信誉，同时也是构成印刷品成本的重要依据。印刷企业所用原材料购进之前必须经过市场调查，绝不购进次品、水货，保证材料质量。原材料进厂之后要登记，用掉多少减掉多少，账、物相符，不能出现"机器天天转，年底算总账"现象。

以纸张为例，可以把有些纸角破损且同类的纸张放在一起，存放至一定数量时，再分别裁切成不同规格的纸张，有些拿到小幅面的印刷机上去印一些小活，有些卖给其他有小机器的印刷厂。机台节省下来的纸张也要分类、分规格统一保管好。否则，时间长纸张泛黄，最终成为废纸。

对于油墨，中小型印刷厂应选择那些小包装油墨。因为大桶油墨一次没有用完到下次再用，表面结皮，造成浪费。一次没有用完的油墨，应在油墨上面喷上一层防结膜剂，没有结膜剂的可以在上面加点水。有条件的企业可以购置一台研墨机，把那些墨皮和没有用完的专色墨混合在一起研成黑墨，可用来印刷一些质量要求不高的黑白产品。

2. 固定资产管理

衡量一个印刷企业固定资产的利用率可用单位产值的设备利用率来表示，如每万元（或百万元）设备产值作为衡量指标。比如，年加工产值为500万元的印刷企业，以净利润在20%左右计算，设备投资额为1000万元左右，此时每万元设备加工产值为0.5万元，每万元设备利润为0.1万元。按此推算，企业要用十年的利润才可赚回设备投资款。以下是以八开、四开、对开和全张印刷机为例进行投资回报对比，以此判断哪一种设备的利润率最高。从表6-6可得出结论，全张五色印刷机的万元设备利润最低，需要安排业务人员多开发全张幅面的印刷业务。

表6-6 投资回报对比表　　　　　　　　　　　　　　　　　　　　　　　　　　　　　　万元

	对开四色海德堡印刷机	八开四色海德堡印刷机	四开四色三菱印刷机	全张五色印刷机
设备价值	800	300	400	1000
年加工产值	500	200	300	300
年利润	100	40	60	60
万元设备加工产值	5/8	2/3	3/4	3/10
万元设备利润	1/8	2/15	3/20	3/50

印刷设备当使用期限较长以后，其保养成本随之提高，对于设备的保养费用，可用表6-7为例表示。由表6-7中数据可看出，应重视八开四色海德堡印刷机，其维修费用远高于其他设备，因此应尽早安排大修或采取其他处理措施。

表 6-7 设备维修费用表   万元

	对开四色海德堡印刷机	八开四色海德堡印刷机	四开四色三菱印刷机	全张五色印刷机
设备价值	800	300	400	1000
设备维修费用	10	5	3	5
万元设备维修费用	1/80	1/60	3/400	1/200

印刷设备当使用年限较长以后，除需考虑保养费用外，还要考虑设备残值。经表6-8估价后，显然八开四色海德堡印刷机应考虑尽早处理淘汰或转手。

表 6-8 设备残值表   万元

	对开四色海德堡印刷机	八开四色海德堡印刷机	四开四色三菱印刷机	全张五色印刷机
设备价值	800	300	400	1000
设备残值	200	50	80	300
万元设备残值	1/4	1/6	1/5	3/10

3. 印刷品成本核算

印刷业属多品种、小批量的订货型加工企业，宜采用分步法按各加工工序核算生产成本。这就要求计价人员具有相当高的业务知识，精明的头脑，详细地掌握各工序的计量方法，且要了解同行业的价格动态。如果能给客户一张详细、明了的清单，能使客户更加满意，但这就要求有关人员的业务素质、管理水平得达到更高要求。企业必须制订详细的工时定额、材料消耗定额和利润计划，有具体的数据，可运用电脑软件，以客户订单为主线，建立生产成本的明细账。有关印刷计价的内容在本书第二章已做介绍，这里就不再赘述。

【训练】

说明印刷企业成本管理的主要内容。

第三节 印刷企业信息资源管理

【任务】认识印刷企业管理信息系统。

【分析】结合此前章节学习的工作流程，学习管理信息系统各子系统模块的功能。

一般来说，信息是指根据一定需要收集起来的，经过加工整理后具有某种使用价值的数据、文字、图形、公式、方法等知识的总称。印刷企业信息资源，是指印刷企业收集到的、经过加工、整理、用于印刷企业生产经营和管理等方面的各种信息。

一、管理信息系统的作用

管理信息系统在现代社会已深入到各行各业，它可以影响一个公司的许多层面，例如可直接节省成本或者用来处理很多难以用财务报表来量化的数据，以及提高客户服务能力等。管理信息系统为印刷工作流程中的每一个部分提供了重要的数据依据，根据这些数据，管理者可以开发有助于控制重要领域的工具，其中包括评估、定价、生产和分配领域。现在的管理信息系统在以前的管理信息系统的基础上得到发展，增加了库存控制、建立发票等应用模块，可以提供工作跟踪功能、工作安排功能和设备的接口功能、直接和客户链接的网页浏览功能等。

印刷企业采用管理信息系统的作用主要包括：节省成本、强化经营、提高资源利用和企业发展策略。

（1）节省成本。管理信息系统能自动打印报价单，处理业务订单程序，产生工作指令等。数据只要输入一次到系统中，就可以给整个系统使用。因此，一旦客户的姓名、地址等档案信息建立后就不用再输入了，报价单及工作文件可以由标准格式产生。

（2）强化经营。在印刷企业经营中，有很多因素是无法像成本一样量化的，采用管理信息系统后有助于提高印刷企业的竞争优势，例如在客户服务方面能适时且正确地处理客户对其印件进行生产进度的查询，能够以更准确的交货日期准时交货。

（3）提高资源利用。资源可以包括人员、设备、时间等。例如，管理信息系统具有数据收集和分析能力，可以把原始的信息变成有用的信息。这样可以减少管理人员用在数据搜集及信息整理上的时间，可以有更多的时间评估信息所代表的含义，可以获得更多和公司相关的信息，更早更快作出决策，使管理人员专注于思考对策和公司的重大决定上。

（4）企业发展策略。管理信息系统通过不同的绩效、产品或市场分析提供印刷公司重要的经营计划，这在制定长远目标中具有重要意义。

二、通用印刷企业管理信息系统的模块与功能

1. 生产管理信息系统

生产管理信息系统根据企业的业务流程及不同部门的职责重点分为以下 8 个子系统：

（1）销售管理子系统。主要实现合同签订过程，以及在合同签订过程中的所需相关信息的管理；实现合同完工后，计价过程和回款过程的记录。这个子系统是全厂对外承接业务情况的记录和反馈。

（2）生产调度管理子系统。实现生产过程中印件任务计划和下派，以及印件生产反馈信息的管理；这个子系统是管理和协调全厂生产任务的关键。

（3）生产工艺管理子系统。实现全厂主要工艺路线的制定，为了解全厂的主要业务方向提供学习的环境。

（4）车间管理子系统。实现基础数据的采集，包括人员信息、设备信息、物耗信息等，实现车间人员管理、生产成本核算、产值产量统计，为其他相应子系统的操作人员提供原始数据，真正做到信息共享。

（5）设备能源管理子系统。实现对设备基本信息，零配件情况、设备折旧情况、设备使用情况等信息的管理，保证设备生产能力的合理调配和设备的正常运行。

（6）质量管理子系统。实现印件生产过程中全程监控处理，提供对样书管理、质量奖惩处罚和评比情况的处理。建立工艺质量的统一标准，完整的质量监控体系。

(7) 物料管理子系统。实现全厂物料入库和出库管理，提供分类物耗、物耗金额等方面信息的处理。

(8) 用户维护子系统。实现系统安全方面的控制，提供用户权限的分级控制。

生产管理信息系统的各子系统之间相互紧密联系，共同完成生产管理的功能。各子系统的数据资源完全共享。在权限许可范围内，各用户可以访问自己关心的任何内容。图 6-3 为生产管理信息系统各子系统关联图。

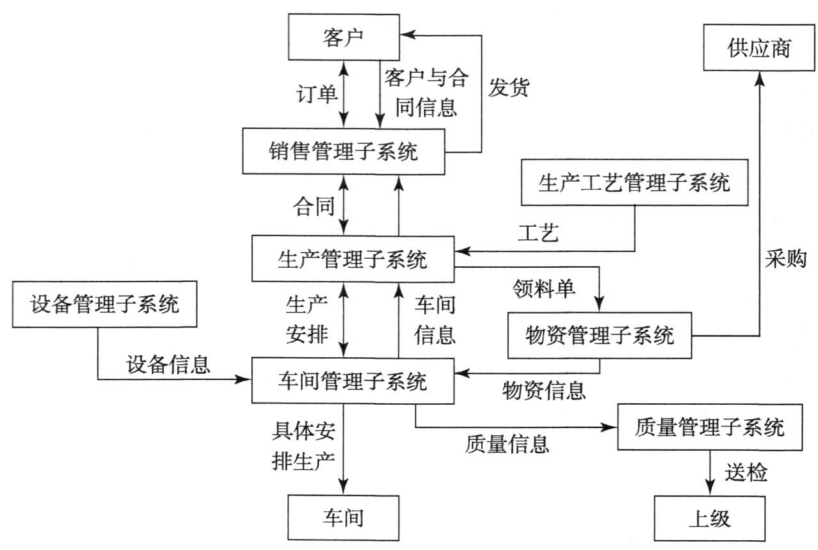

图 6-3 生产管理系统各子系统关联图

2. 销售管理子系统

销售管理子系统由印件信息管理、客户信息管理、合同信息管理、计价信息管理、回款情况管理、客户信誉管理和客户需求预测 7 个模块组成。这些模块与其他子系统的关系如图 6-4 所示。

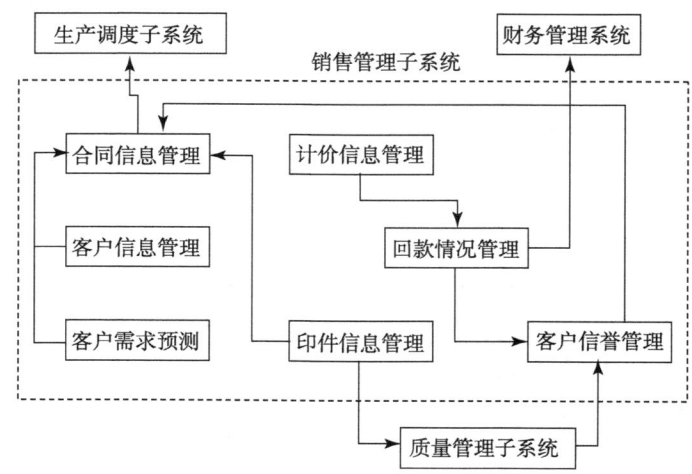

图 6-4 销售管理子系统与其他子系统关系图

（1）客户信息管理。根据客户的性质分为委印和外协两类，建立统一的客户管理表单，表单中应包括有关客户的基本信息，如客户编码、客户名称、客户所处地区、联系方式、银行账号等。客户管理表单具有自我维护功能，可新增或删除客户，并针对具体情况可对表单进行修改。

（2）客户信誉管理。从其他子系统，特别是质量管理子系统中获取客户的历史资料、订单的历史记录、退货记录等。随时了解客户的资金信誉情况，依据回款状况、联系程度可对客户进行分级管理。

（3）客户需求预测。根据多种途径获取信息，对客户的计划印件进行登记，争取签订更多的印件合同。

（4）印件信息管理。依据客户提供的印件有关情况建立印件信息库，可依据客户信息对相应的印件资料进行查询，将其作为签订合同时的部分信息，同时为样书管理库提供数据。

（5）合同信息管理。根据合同的性质分为委印图书、委印期刊和外协合同三类，分别建立统一的合同格式，并依据客户和印件信息生成合同样本，经审批后可签订合同。

（6）回款情况管理。安排收款及催款工作、开发票并进行发票登记；记录收款金额和到款情况，和财务系统连接，完成应收账的管理；根据车间上报的生产完成情况，计算汇总各车间产值产量；月底盘存统计管理。

（7）计价信息管理。提供多种计价方式，对指定合同安排选择工价本中相应工艺类型和附加条件，自动生成计价公式，完成计价明细单，并在计价明细单中分工艺类别统计合计金额，作为各生产车间的完成产值的原始数据。

3. 生产调度子系统

生产调度子系统向生产科负责，起到综合安排、协调生产的重要作用。子系统包括作业准备管理、下发施工单、作业计划管理、生产进度反馈和发货管理五个模块。模块间关系如图6-5所示。

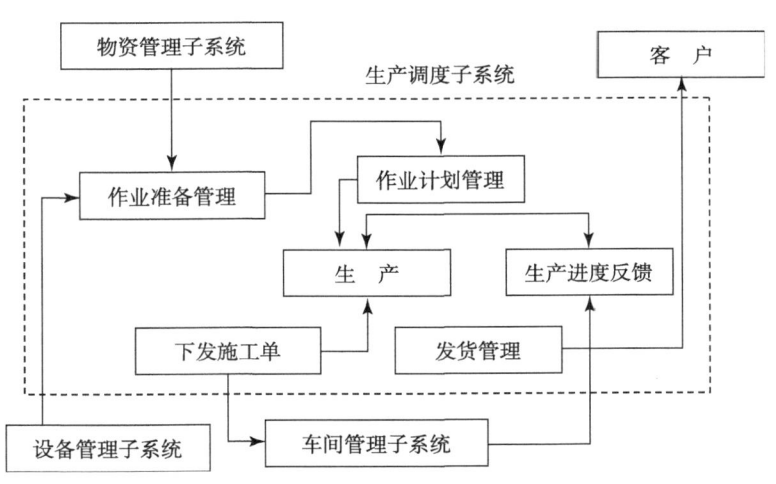

图6-5 生产调度子系统与其他子系统关系图

（1）作业准备管理。在物资管理子系统和设备管理子系统中查询生产材料和生产设备的使用情况，具体掌握生产的准备情况，为作业计划的安排提供依据。

（2）下发施工单。根据合同，通过与工艺员的人机交互过程，生成各生产工序不同的施工单和领料单。施工单的内容被保存以供系统查询。

（3）作业计划管理。系统根据指定的施工单，通过与调度员的人机交互过程安排生产进度总体计划。工程单发往车间。领料单发往车间和物资部门。调度员通过查询车间情况，具体安排某些生产过程，如急件的处理，可通过查询车间生产情况进行，结合设备运行状况作出决定。调度管理合理与否，直接关系生产的优化过程，系统力求为生产优化提供最便利和科学的计算机辅助决策。

（4）生产进度反馈。通过对各车间情况的查询，结合生产科的具体生产安排和调度管理，利用数据，对计划和完成情况进行分析、比较，反映生产实际完成情况。生成反映生产情况报表以供查询和汇报。

（5）发货管理。工艺员随施工单制定发书记录卡，发送终端根据车间生产完成情况和合同情况，组织成品运输。模块中体现了发货的具体情况，详细记录所发印件的数量及欠尾情况。

4．车间管理子系统

车间是基本的生产单元，车间管理的优化过程是否合理，将直接影响全厂的生产过程。车间管理子系统向车间负责，将对车间的基本生产进行管理，为上层提供基本信息。根据生产需要，具体分为车间人员管理、车间生产管理、车间设备管理、生产完成情况统计和生产成本核算 5 个模块。模块关系如图 6-6 所示。

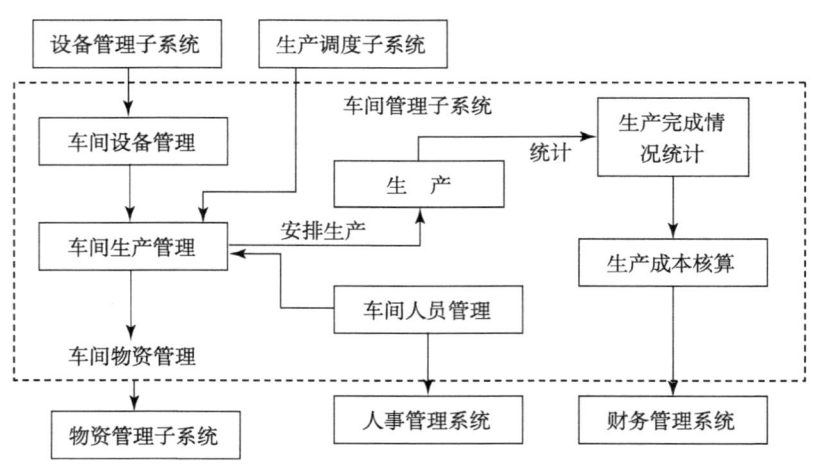

图 6-6 车间管理子系统与其他子系统关系图

（1）车间生产管理。监控车间设备运行状况、人员安排，反映车间、工序、机台或岗位的工作效率。

（2）车间完成情况统计。生产车间生产管理报表，如生产日报表、印件物耗表、印件人工成本表等用数据反映一段时间内车间生产实际完成情况，并为印件成本的核算做准备。

（3）车间设备管理。创立车间设备管理表单，按不同车间统计设备完好情况、记录设备修理情况，并动态维护表单。部分信息上报设备管理子系统。生成设备使用分析表等相关报表。通过该系统可以科学地管理设备、合理使用设备并降低设备消耗。

（4）车间人员管理。以车间岗位为单位建立人员名录，以便了解车间人员的基本情况。管理车间生产人员的考勤情况，记录人员的加班和缺勤情况，为人事管理系统提供基本数据。

（5）生产成本核算。根据生产完成情况，将已有的核算方法计算机化。此模块可迅速而科学地进行车间成本核算，并提供查询、比较的功能，使车间成本核算迈上新的台阶。

5. 物资管理子系统

该子系统向物资科负责，为优化物资管理提供依据和相应的分析。在物资管理子系统中将全厂的物资仓库进行统计管理，厂级仓库和车间级仓库视为平级仓库，子系统包括入库管理、出库管理、库存管理、物资列表管理、材料明细账管理和物资月度统计6个模块。物资管理子系统的模块关系如图6-7所示。

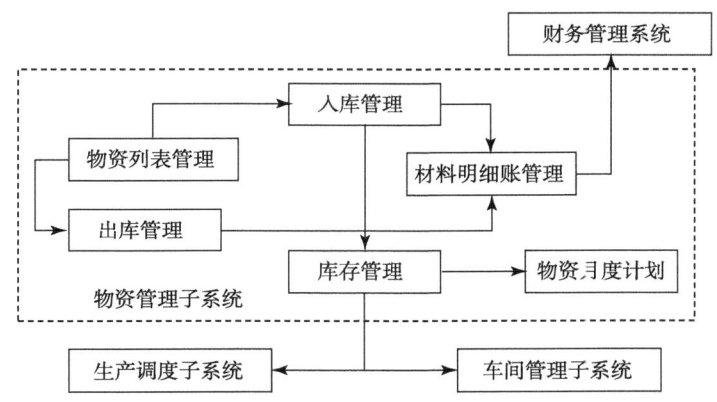

图 6-7　物资管理子系统与其他子系统关系图

（1）物料列表管理。建立与印刷行业有关的物资信息表单，实现表单的查询、分类统计和动态维护，及时地了解本厂物资动态及行业物资情况，为物资管理服务。

（2）入库管理。登记所有平级仓库的物资入库信息，实现入库物资有据可查，并且可以了解企业近段时间的物料采购情况。

（3）出库管理。登记所有平级仓库的物料出库管理，将物料出库记录落实到每个印件生产上。

（4）库存管理。列出全厂物料库存明细，实现分类查询与统计的功能。

（5）材料明细账管理。以车间为单位汇总全厂的入库和出库物资金额，提供财务明细。

（6）物料明度统计。以物资为单位，统计全厂每一旬的原材料消耗情况。

6. 生产工艺管理子系统

该系统是生产管理系统独立的辅助部分，分为工艺库登记和工艺模板管理两个模块。

（1）工艺库登记。工艺库登记模块实现了标准工艺的管理，通过工艺类别将工艺分为排版、凸版印刷、平版印刷和装订、包装零件五大部分。

（2）工艺模板管理。工艺模板管理模块的功能是按印件种类选择完成印件所需标准工艺，并且保存在工艺模板库中，以便在必要时迅速调用供生产使用。按制版、印刷和装订、包装工艺种类列出标准工艺列表供选择，按选定顺序排列印件所需标准工艺流程，构成工艺模板。

【案例】 ××新华印刷厂企业管理信息系统案例

××新华印刷厂是一家综合性大型印刷企业，隶属中国印刷集团公司。作为国家级重点书刊印刷企业，该厂长期承担着党中央、国务院、全国人大和政协等国家重点图书和文件的印制工作，同时还为众多知名出版社、杂志社及海内外客户提供优质服务，取得了良好的社会效益与经济效益。目前，该印刷厂在岗员工900多名，业务范围主要涉及各种经典书籍、精美画册、各种豪华装、精装、平装书籍、期刊杂志、广告、票证、本册、包装装潢等产品的印刷和加工。

印刷企业管理信息系统的实施，使该厂整个产业链实现了规范、有序、协调的工作，达到了"印刷数字网络化、印刷多色高效化、印后多样自动化、器材高质系列化"的宏伟目标。凭借这样的企业信息化管理系统，印厂提高了管理水平，改善了运行效率，核心竞争力也得到显著增强。

在谈到××新华印刷厂信息化建设历程时，厂信息办公室主管刘先生表示，早在2000年，中国印刷总公司就以该印刷厂为试点，开始进行企业信息化建设的一期工程，由清华紫光开发了销售、生产调度、设备、物资、质量等8个系统模块。由于刚刚迈出企业信息化建设的脚步，总公司和该印刷厂对于信息化建设的认识还不足，当时只是实现了简单的管理和操作，而且只适用于本厂，并不适合于向其他单位推广。可以说，这时候还没有真正建立印刷企业信息化系统。

随着市场经济不断发展，企业规模不断扩大，一期信息化建设已经不能满足企业管理现代化的需求，企业信息化建设需要向更高的目标迈进。2002年年底，为了以市场为导向，推动企业发展，以科技创新为动力，全面整合各种信息资源，打造一个数字化管理平台，提高企业的管理水平和市场竞争能力，该印刷厂开始进行企业信息化建设二期工程。该厂同北京××软件技术有限公司合作重新建立"印刷企业管理信息系统（XHYS-ERP）"。从2005年初开始实施，到2006年10月底验收工作结束，通过一边开发一边实施的方式，该印刷厂成功建立起一个完备印刷企业管理信息系统。

整个系统以市场营销管理系统和生产管理系统为核心，在这两个核心系统的基础上扩展了采购、库存以及与生产相关的其他辅助子系统。市场营销系统的业务合同和生产计划子系统的生产计划是系统运行的主线。系统根据市场营销系统的业务合同，提取相关辅助系统信息，综合分析企业当前的生产能力，按照业务合同要求的金额分析生产成本，以及加工生产过程中的材料要求、工艺标准等，最终确定业务合同是否能够承接。承接后系统则按照业务合同上的加工数量、交货日期、材料标准、工艺要求等信息，生成正式的生产计划，以车间作业计划的形式下达到各具体的生产车间进行生产。

随着加工生产的进行，相应的辅助系统产生企业加工生产过程中需要的人力、设备能力、纸张/辅料等需求、企业的应付账款、生产成本、纸张/辅料的领用、完工产品的入库及发货，已发货产品的应收账款等信息。系统将这些信息实时进行处理，在各子系统中互相反馈，形成高速流转的信息流，及时传递企业承接业务、企业安排生产、企业对生产过程的监督以及企业对资金、物品、人力及设备管理所需要的信息，为企业决策层提供企业真实的业务承接情况，生产能力情况，生产进度情况，资金占用以及资金需求的情况，使决策层能够及时调整企业的营销战略，调整企业的生产加工，合理利用企业的人、财、物。

在企业信息化建设二期工程的实施过程中，××印刷行业 ERP 系统帮助该印刷厂真正实现了网络化、集成化、柔性化和智能化的目标，为企业提供一个全新的管理平台，为生产运行带来了诸多收益，例如：

◆减少了企业库存资金占用，提高了资金利用率；

◆合理科学地安排生产，提高了生产调度的及时性、合理性和科学性；

◆实现了物资、生产、财务一体化管理；

◆帮助企业降低了管理费用，提高了劳动生产效率、资金利用效率和利润率等。

谈起整个项目完成后的收益，刘先生表示，新的企业管理信息系统不仅减少了过去烦琐的劳动工序，在信息查询上也更加简便快捷，而且在操作性方面较之过去的系统具有更加规范的优势。以企业的物流采购为例，过去完全依靠手工填写单据，难免出现差错，现在新的物流系统提供的电子单据完全避免了在采购、管理上出现的疏漏。

【训练】

分析案例中提到的管理信息系统由哪些模块组成，各自功能是什么。

第七章 印刷企业管理实务

【应知要点】
结合案例分析，回顾各章内容，加深掌握印刷企业管理原理。
【应会要点】
学会通过案例分析，综合运用所学知识。

第一节 中国印刷企业发展现状

【任务】了解中国印刷企业的发展现状，并学习从管理角度去分析印刷行业发展的问题。

【分析】注重引导学生综合所学理论并联系实际，形成自己的认识与见解。

印刷业是个相当庞杂的行业，它不仅内部细分产业多，也涉及了很多其他相关行业。可以说，它是一个巨大的工业体系，同时也是一个历史悠久的工业体系。从中国古代的印刷术发明以来，印刷就在不停地一步步深入到人类的生产与生活当中，并且一步步发展与壮大，直至今日形成一个全球性的大工业体系。

一、中国印刷行业的基本情况

目前，全球印刷市场可以分为三大块：美国、欧洲和亚洲，各占全球印刷市场的三分之一。据美国印刷市场调研机构印刷行业市场信息和研究组织（简称PRIMIR）于近期发布的《全球印刷市场调查》报告显示，全球印刷市场总值为6100亿美元，北美占32%，欧洲占32%，亚洲占28%，其他地区占8%。预计到2011年，全球印刷市场将"东移"：北美将占28%，欧洲将占31%，亚洲占30%，其他地区占11%，全球印刷市场总产值将达7200亿美元。在分析2006—2011年全球前12大印刷市场，中国将取代德国和英国成为全球第三大印刷市场。全球印刷产业12强中，虽然其中10强都是发达国家，但这些国家的印刷市场在2001年以来都发展缓慢，甚至衰退。唯有作为发展中国家的中国，印刷工业总产值在2006年已跃升至世界第三位，而且还处于快速发展过程中。

据我国新闻出版总署统计，自2001年12月中国加入世贸组织以来，中国印刷业持续以年均15%的速度增长。至2008年全国现有各类印刷企业102043家，其中从事出版物印刷的企业6427家，从事包装装潢印刷品印刷的企业43096家，从事其他印刷品印刷的企业49211家，从事专项排版、制版、装订业务的企业3263家，从事数字印刷的企业46家。2007年印刷工业总产值超过4600多亿元人民币，占国内生产总值的2.02%。印刷业基本保持了健康、稳步发展的态势，已成为国民经济的重要产业部门。目前，中国印刷业已初步形成三大印刷产业带：以广东为中心的珠三角印刷产业带、以上海和苏浙为中心的长三角印刷产业带、以京津为中心的环渤海印刷产业带。

2009年受全球金融危机的影响，各行各业均受到不同程度的冲击，但中国印刷业逆势上扬，在危机中还保持着微弱的增长，比较2007年至2009年中国印刷业产值，如表7-1所示，不难看出这一点。

表7-1　2007年至2009年中国印刷业产值比较　　　　　　　　　　　　　　　　元

时间	累计工业总产值	业务收入	累计利润	利润较上年同期/%
2007年1~11月	174673242000	165923736000	11936867000	25.68
2008年1~11月	210066160000	199535488000	13964289000	12.96
2009年1~2月	34806403000	32026704000	1882483000	4.49

根据"十一五"总体规划，中国印刷业工业总产值预计最终达到4400亿元人民币左右，约占国民生产总值的2.5%，印刷生产加工能力将进入世界前列。

纸张消耗量是衡量印刷业增长的一个重要尺度。全球每年消耗纸张约3亿吨，西欧和北美国家印刷品的消耗量占了全球的70%至80%，美国人均年消耗纸张300kg，欧洲约为其一半，而第三世界国家只有1kg。中国有13亿人口，仅在校青少年就达2.6亿人，随着可供支配收入的增长和生活水平的提高，社会经济和文化教育事业的发展，印刷品的消耗将会不断地增加，因此中国印刷品市场发展空间非常巨大。

二、当前中国印刷企业发展瓶颈与出路

1. 印刷企业联合重组趋势

我国印刷企业虽然数量众多，但其中"小而全"的企业居多。这些企业规模很小，有的总资产还买不起一台先进的中型印刷设备，效率低下。以中、日、美三国印刷业对比，2006年我国印刷企业平均产值380.76万元，人均印刷产值10.99万元，美国为我国的9.18倍和10倍，日本则为我国的4.6倍和13倍。在企业平均规模上，我国印刷业远远低于发达国家。即便在印刷业较发达的地区，规模差距依然存在。比如，东莞2674家印刷企业，平均资产318.1万元，83%的企业注册资金在300万元以下，属于小型企业，17家产值过亿元的印刷企业，仅占企业总数的0.64%。

国外的经验早已证明，印刷业在得到快速发展之后，印刷企业便进入重新整合时期，集中度不断提高，企业数量持续减少。

从国内目前印刷企业的经营状况看，大致可以分为四种类型：第一类企业不断改革

创新、开拓市场和新的业务，满足客户新需求，企业竞争力强、效益好；第二类企业不断优化经营要素，主动消化不利因素，保持效益基本稳定，勇于和善于创新，把握机会发展自己；第三类企业疲于应付，勉强维持，无力创新，缓慢甚至没有发展，设备、人员优势逐步丧失，经营思想落后，处于被淘汰边缘；第四类企业被动挨打，惨淡经营甚至亏损，最终被淘汰。

第一、二类企业在市场竞争中有望做强做大；第三类企业可振作精神，改善经营，奋起直追先进企业，有条件者可向"专、特、精、新"发展，在专业和为大企业配套服务上做精做强。

目前，我国一些地区的印刷企业通过联合重组已显现出强大的生命力。如湖南省新华印刷厂经过五年时间，合并原省新华一、三厂，整合新华二厂，组成湖南省新华印刷集团有限责任公司，对内进行专业化分工，由过去单一的教材印刷发展为书刊印刷、商业印刷、报纸印刷多门类发展的新格局。

2. 印刷行业结构调整趋势

印刷行业随着区域协调发展，突破行政区划界限，逐步形成若干个印刷产业带。我国东部地区已经形成了珠三角、长三角、环渤海三个综合性印刷产业带。随着振兴东北、中部崛起和西部大开发的推进，这些区域也逐步形成若干个印刷产业带。

印刷行业很难实现均衡式发展，只能根据当地特点发展印刷业。我国印刷业历来是条块分割、缺乏统一的管理和全面规划，资源无法合理流动和有效利用，规模经济和集约化经营效应难以发挥，阻碍了印刷业大市场的形成及专业化分工的发展。只有在市场推动作用下，跨地区、跨部门的强强联合，形成优势特色明显、辐射能力强的大型印刷企业、企业集团和印刷产业群。逐步使印刷工业布局合理，印刷总量与经济文化发展相适应。

我国印刷业经过改革开放以来的大发展，总体印刷能力已经大于需求，尤其是中低档印刷能力过剩。根据近年来的统计数据，我国每年印刷设备采购资金六成以上用于进口高档印刷设备，但由于引进高档设备地域配置不合理，造成一些地区印刷能力不足，而另一些地区的高档设备闲置、开工不足或操作技能有限，高档设备只能印中低档活。因此引进高档设备必须对印刷能力控制以适应当地的经济文化发展形势，保证供求基本平衡。

我国印刷业还必须合理调整出版物印刷、包装印刷和其他印刷的比例，实现印刷业内部结构的合理调整。根据发展绿色印刷的要求，调整印刷行业内胶印、凹印、柔性版印刷、丝网印刷、数字印刷、组合印刷的配比和设备配置，大力发展符合环保要求的绿色印刷，有所为有所不为，实现合理发展。同时也要对印刷产品结构进行调整，主要是高、中、低档产品结构的调整；重点产品发展和门类齐全的发展关系的调整；国内产品和出口产品的发展关系的调整；传统出版和数字、网络等新媒体出版的关系的调整。目前，我国印刷业的总体情况是低档产品、低附加值产品印刷能力过剩，高档、高附加值、个性化产品发展不均衡。

3. 印刷企业技术改造趋势

近年来，由于技术进步和竞争的加剧，一般印刷厂都注意加大技改力度，不少企业增添了新的印刷设备。但技术改造之后，有的企业蒸蒸日上，有的却更加困难。为什么会出现截然相反的结果？其重要原因之一是设备选用和配置不当。

部分印刷企业购买高档设备存在盲目性。例如西部一家印刷厂正在用新购置的海德堡 CD102 四色胶印机印刷普通课本，而其较早进口的四色胶印机却闲置一旁，花大量资金进口数台高档机却印普通课本，存在不合理性。就目前的印刷市场而言，中档活件占大部分，高档活件比例最低。但从最近 5 年的印刷企业设备购置统计数据来看，六成以上资金用于进口高档印刷设备。设备配置不合理，不能充分发挥高档设备的作用，使企业效益长期上不去。有的企业原本就经营困难，购买高档设备背上了沉重债务和高折旧费的包袱，企业利润越发微薄，甚至出现亏损。

此外，印刷企业拥有的高效设备比例太低。据安徽省新闻出版局统计，2006 年安徽全省有四色以上单张纸胶印机 419 台，卷筒纸胶印机 14 台，卷筒纸胶印机仅占 3.3%。在印刷业较发达的广东东莞，四色以上单张纸胶印机有 2325 台，商业卷筒纸胶印机 83 台，卷筒纸胶印机只占 3.6%。统计显示，2006 年，国内印刷企业投资卷筒纸胶印机的金额只占印刷设备总投资额的 7% 左右。而 2007 年 1 月《美国印刷者》杂志发表了美国卷筒纸胶印机市场调查报告。报告指出，卷筒纸胶印机仍然主导着美国印刷市场。在日本，调查表明，1996—2005 年，单张纸胶印机持有量下降了一半，商业卷筒纸胶印机 2006 年新装机 1362 台。

高效设备带来高生产率和高效益。统计美国历年不同印刷方式利润率情况，可以看出冷固型卷筒纸胶印机（适合书刊、杂志和报纸印刷）利润率最高，是平均利润的 2.48 倍，是单张纸胶印机印刷利润的 4.38 倍。热固型卷筒纸胶印机（适合商业印刷）次之，是平均利润的 1.34 倍，是单张纸胶印机印刷利润的 2.38 倍。据统计，2006 年我国印刷企业人均产值约为美国的十分之一。2004 年我国印刷企业人均产值约为欧洲的 11%。美国和欧洲效率如此之高，与大量采用高效设备不无重要关系。

近年来，印刷企业的投资热情持续高涨。由于供求关系的变化和竞争的加剧，人们普遍意识到印刷业已经进入微利时代。因此，企业只能在充分挖掘潜力及设备利用率上下工夫，但是，一些企业依旧忙于加大设备投资力度。据不完全统计，近五年来，印刷企业平均每年投入 200 亿元购买设备。在目前国内印刷产能大于需求的情况下，一味扩大设备投资，只能使产需差距进一步扩大、竞争加剧、工价下降、利润减少。国内企业设备利用率普遍较低，大部分设备只开一班，还有部分设备季节性闲置或长年闲置。把现有闲置设备开动起来，再提高实际利用率，将是一个巨大的生产力。

我国印刷企业的投入产出比也很低。全国印刷业整体利润率大概不会高于 5%。因此，计算 2002—2006 年 5 年平均利润 140.2 亿元，与 5 年的平均投入相比，投入产出比为 1:0.7，即投入 1 元的设备资金，只能产出 0.7 元的效益，这一比值太低。导致投入产出比低的原因是多方面的。其中最重要的是设备选择、配置和利用率问题。当然，目前有相当一部分印刷企业管理不善，人员素质不能满足需要，开拓市场下工夫不够，也是造成利润上不去，产出低下的重要原因。

印刷厂适时地、科学地进行技术改造，是发展企业之所需，但必须实事求是、周密策划、精心实施。目前我国印刷企业的总体情况正如前中华商务联合印刷（香港）有限公司董事总经理罗志雄所说："20 世纪 90 年代以来，我国进口和自行生产了大量的单张纸印刷机。现在面临的问题是设备的效能和产能的发挥，以及设备的更新与升级，而不是将持续增加新设备作为提高企业效益的重要手段。"

4. 印刷企业的软投入

我国不少印刷企业对硬件（设备）的改造、升级换代很重视，在正确购置印刷设备后，确实提高了企业硬实力。但是实践证明，只有硬实力的增长还不够，还必须重视企业软实力的投入。

首先要注重对管理的软投入。在管理上，一方面要勇于体制创新和机制创新，充分调动和发挥人的积极因素；另一方面积极应用现代管理方法和手段，如 ERP、MIS（管理信息系统）和数字化工作流程，尽可能地消除人为因素影响，实现生产和管理的有机结合。我国一些先进的印刷企业应用现代管理方法和手段，已经取得良好的效果。如北京雅昌应用数字化工作流程后，印刷工作效率提高了 20%，纸张浪费降低了 15%。

其次要加强企业文化建设。企业文化是企业发展和成败的关键因素之一，其本质应该是企业灵魂的培育和塑造。它不仅仅表现为整洁优美的环境和丰富多彩的文化活动，更重要的是培育全体员工正确的价值观和崇高的精神境界，用完整的制度、规范、标准、考核办法来保证企业文化的建设和执行，不断提高企业的凝聚力和正确执行力。

再次要重视人才培养。要保持企业的可持续发展，应该看到人才资源的重要性。当前，印刷企业普遍反映，高级技术工人严重不足，有些地区，特别是欠发达地区，许多企业连一个高级技术工人都没有。高级技术工人是企业经营管理决策实施和推进的中坚力量，对他们的培训，不仅要培训具有创造性操作设备的理论知识和实际操作技能，还要具备一定的管理知识，提高他们正确理解和落实企业经营决策的"执行力"。普通技工培训重点是熟练的操作技能和解决生产中出现的设备故障和一般工艺性问题的能力。管理层特别是高层管理者，承担着经营管理和决策的职责。因此，既要注意现代经营管理知识的培训，还要更多地注意培养他们对印刷行业的特点、发展方向和发展趋势的观察力、认识能力、分析能力和预测能力。使他们具备能够站在企业长远发展的高度，进行全面的、长远的、战略性决策的能力。而且人才培养不可能一次完成，要终身培养，终身坚持学习。

此外，还要注重研发和技术创新的投入。科技研发和技术创新能力是企业超越同质化竞争、发展差异化印刷的重要手段。我国一些印刷企业竞争力不强，其根本原因是企业的科研和创新投入太少，没有自己的创新技术和特色产品。在竞争日益激烈的情况下，一些先进企业加大科研投入，如深圳劲嘉、青岛人民，近年来加大科研和创新投入，取得多项成果，使企业得到快速发展。深圳劲嘉多年保持在我国百强印刷企业前列，青岛人民则于 2007 年登陆美国 OTCBB 市场。

一个企业如果没有自主创新能力，没有自己独特的技术和特色，就不可能形成核心竞争力。不少中小企业往往觉得自己势单力薄，没有能力进行研发和创新。实际上，船小好调头，中小企业可以根据自身特长，在生产技术和市场中寻找相对容易突破的环节，如商业模式、增值服务，在具有特色的新技术、新工艺、新材料、新设备等方面形成自己的特色。

最后，要学会创品牌产品。市场竞争主要体现在科技、人才、质量、品牌、服务和价格方面。品牌是企业的信誉和形象，也是核心竞争力之一，对企业发展具有战略意义。企业应高度关注，有意识地去发展、培育和创造名牌产品。

5. 印刷企业"走出去"战略

目前，不少印刷企业千方百计地创造条件，积极实施"走出去"战略，已经或正在开拓国外印刷市场。一些成功企业总结经验如下。

首先，找准机会"自接单"。多数印刷企业开始接国外印刷订单时，是从中间商手中获得的。采用这种接单模式，可以为印刷企业带来阶段性的繁荣，但也同时带来经营上的风险。从长远发展看，应该在通过中间商接单的同时，找准一切机会"自接单"。比如找家门口的海外订单。现在许多国外企业如世界 500 强企业把总部搬到北京和上海，为国内印刷企业带来机会。他们就是家门口的直接客户。还可通过参加相关展览会，如印刷展览会，把产品、质量、印刷能力、交货期等推销出去，让潜在客户了解自己，同时扩大视野及接触面，寻找合作机会和合作者。此外，在对国外印刷市场有一定了解的基础上，可以考虑雇佣熟悉当地情况、愿意真诚合作的人进入企业，负责当地业务的开拓。如果中间商与企业合作得好，自然也可以将中间商吸纳进来。

其次，"走出去"战略应避免盲目扩张。不少企业往往按照忙时的最大产能需求，来确定设备和人力资源的配置。其结果是每年都有一定的设备和人力的闲置，不仅加大了企业成本，同时还带来许多管理问题。有的印刷企业比较精明，在印刷业务没有完全稳定的情况下，其设备和人力资源的配置，是按照业务量最小月份的产能需求配置。这样就能使设备 24 小时不停运转，使员工紧张、有序、精神饱满地工作。不但印刷成本降低，管理也很方便。如果企业完不成部分印刷订单，可以选择转包的办法。在业务还不稳定的情况下，可以采用联合的方法，选择条件和信誉好的企业，将"多余的"印刷业务转包，使自己成为"经销商"或"印刷渠道商"。条件成熟时，应该成立专门的业务部门，与外包企业组成某种形式的联合体。需要注意的是，在联合体内应该建立严格的质量保证体系，避免质量纠纷。只有在业务量稳定，转包又无法解决问题时，才可考虑扩大自己企业规模。

最后，还可考虑适时在国外建厂或海外上市等策略。

6. 印刷企业的"绿色发展"

近年来，随着世界各国越来越高的环保呼声，绿色印刷也日益受到了关注。相关的法律、法规和实施措施频繁出台，必将促进我国印刷业的健康、持续、和谐发展。印刷企业全面贯彻绿色发展战略势在必行。

绿色经营战略，它不仅需要印刷企业扩大服务范围、提高产品和服务质量、发展差异化印刷，而且要求企业不断研究和发现印刷品消费者的需求变化和新需求，引导消费者释放潜在需求，创造新市场。

绿色竞争战略，讲究公平、公正、合理的竞争。研究竞争对手的目的在于扬长避短，寻找更适合自身的市场空间，而不是如何打败竞争者。绿色竞争战略主张企业间开展必要的合作，实现 $1+1>2$ 的共赢效应。

绿色产品战略，要保证印刷品的绿色，首先要保证印刷品的印刷质量合格、内容合法；其次要保证印刷使用的原辅材料合格，使用不含有害物质或含量达标的材料；最后严格执行绿色环保工艺，正确处理印刷各工艺过程中的废弃物，不在印刷各环节造成污染。

绿色投入战略，在投入上必须软硬兼顾。硬投入是实事求是地配置各种印刷设备，高效、低耗、无污染，符合环保要求，立足现实，照顾长远发展。软投入是改革、管理、人才培训、科研开发投入等。软硬投入好比企业的两条腿，只有软硬投入配置合适，才能大踏步前进，发挥投入的最大效益。

绿色客户战略，全心全意为客户服务，正确处理企业和客户的利益关系。印刷企业特别是其营销人员，要时刻站在用户立场看问题，维护客户利益，把用户的需求看做自己的责任。质量好、交货快、价格合理，服务周到，诚信经营，才能留住客户。而对于供应链上的其他相关环节同样应兼顾双方利益。

【案例】整合资源 提升整体竞争力

2007年揭晓的"首届中国出版政府奖"中，有两家印刷企业荣膺"先进出版单位奖"，湖南新华印刷集团有限责任公司就是其中一家。获此殊荣，对该集团来说绝非偶然。近几年，该集团通过资源重组整合、调整经营策略、加强自我管理，成为全国新华系统印刷企业实力最强的企业之一。

一、结构调整促发展

"勇于改革，不断创新，取得明显的经济效益和社会效益"是先进出版单位奖的评奖标准之一。论综合经济实力，该集团无论在全国新华印刷企业中还是在全国大型书刊印刷企业中，都名列前茅。2006年，该集团实现销售收入5.32亿元，实现利润2482万元，其综合经济实力在全国新华系统印刷企业中名列第一。2005年到2007年，该集团连续三年荣登"中国印刷企业百强"排行榜。而这些成果的获得得益于该集团近年来的结构调整和资源重组。

2001年12月，湖南省新闻出版局和湖南出版集团（湖南出版投资控股集团的前身）审时度势，整合湖南新华印刷一厂、二厂、三厂和湖南印刷科技研究所，组建了湖南新华印刷集团有限责任公司。位于长沙市的湖南省新华印刷一厂和新华印刷三厂被合并，位于邵阳市的湖南省新华印刷二厂被整合为子公司。

湖南新华印刷集团有限责任公司的组建实现了优势互补和资源整合，迅速提高了湖南印刷业的整体素质和竞争能力，彻底改变了原三个直属厂平行推进所造成的重复建设、资源耗散、战线过长、盲目延伸的低水平经济运行方式和产业格局。

2003年和2004年，该集团高质量完成了印刷科技园及配套工程建设。新园区占地240亩，总建筑面积8万平方米。2005年上半年，该集团顺利完成了原一厂、三厂的整体搬迁工作，形成了与物流中心基础设施共享、与出版产业良性互动的产业聚集，提升了产业的组织水平。

整体搬迁后，原分散在各厂的同类型、不同规格的机器整合到一起，形成了集合机群。在同样的生产能力条件下，加快了产品的成龙配套，大大缩短了印刷周期。各相关部门根据生产作业排序的一般规律和课本短时间集中付印的特殊规律，科学合理调度生产，后勤服务保障到位。同时，对原一厂、三厂的土地资源实施有效开发，成功地将两宗国有行政划拨地转性为商业开发用地。

二、三足鼎立定格局

在生产格局层面，该集团逐年改变了过于依赖教材印刷的单一格局，形成了出版印刷、商业印刷和报业印刷三足鼎立、印刷主业和第三产业相互支撑的生产经营格局。

该集团在坚持高起点、高质量、高时效，确保《潇湘晨报》等报刊印刷的同时，先后承印了国防科大《难忘五十年》等精品图书，麦德龙等超市和其他各行业精美宣传广告，并多次成功承接政府招标类印刷业务。2006年该集团承接的社会业务量占总业务量的61%。2007年该集团参加政府的5项印刷类产品招标全部中标，拓展了社会产品市场，提升了企业知名度和美誉度。此外，该集团与湖南文艺出版社、德国朔特音乐出版集团的国际合作项目首批产品成功下线，标志着湖南的出版印刷与国际交流迈上了新台阶。

在印刷质量层面，该集团坚持打造自我品牌与塑造形象并举，将市场竞争从价格竞争、质量竞争跃升到品牌竞争的高度。

先进的设备是提高印刷质量的硬件指标。该集团充分利用多年技改优势，以CTP直接制版设备、海德堡单张纸四色机群，特别是商业轮转机、彩色报刊轮转机等高新技术含量的设备为依托，增加彩色书刊印刷、报业印刷和商业印刷市场占有率，提高了企业竞争实力。在印刷工价打折、改制成本增加、资金十分短缺的情况下，该集团近几年先后投入技改资金1.5亿多元，购置了50余台（套）国内外先进的制版、印刷、装订设备，保证了承接印品的快速、精美。

该集团坚持以中高档的市场定位和精品化的质量定位塑造品牌。一方面，该集团以用户的需求为导向，通过优质的服务和鲜活的营销手段，努力为用户提供个性化的特色服务。另一方面，该集团制定了高于行业标准的质量目标，强化员工质量意识，加大生产现场产品质量抽查力度，把打造自我品牌建立在高质量产品之上。

该集团成立6年来，在湖南省质监站组织的春季和秋季课本批质量抽查中，产品合格率年年达到100%；在总署质量检测中心组织的送评样检测中，优质品的印张数和品种数年年稳中有升。该集团曾荣获出版物印刷"署优产品"印刷企业银牌。在人教社全国统编课本印装评选质量活动中，由原排名第22位跃居到第2位，实现了湖南省印刷业此项奖杯零的突破。

三、以人为本促和谐

先进出版单位奖的评选标准第3条中提到：重视职工队伍建设，人员整体素质好。该集团十分重视对职工队伍的建设，努力营造和谐的人际关系和良好的改革氛围。

该集团成立后，先后对原三个厂进行了整合和重组，并按照精简高效的原则进行了人事调整。该集团成立了八部一室，设立了三个分公司五个子公司。对部室主任岗位，坚持以制度选人、市场选人、业绩选人为基本原则，在集团内实行公开竞聘上岗。该集团适时做好人员分流工作，先后平稳分流、内退690多名在岗员工（其中中层管理干部65人），为企业改革改制理顺了关系，扫除了障碍。

利益分配是牵涉企业稳定的最敏感神经，建立一个能最大限度调动职工生产热情的分配机制是建立和谐企业的关键。该集团邵阳公司经历了几次大的分配制度改革，从实行固定等级工资到岗位技能工资再到金额计件工资，但无论怎样改，他们始终坚持收入分配向生产一线倾斜、向高技术险脏累工种倾斜的原则。邵阳公司投资500多万元为所有车间安装了暖气、排风机和大功率空调，在园区栽花种草，铺设油砂路、修建音乐喷泉等，不断改善工作和生活环境。

该集团始终把职工的冷暖挂在心上，努力为职工办实事办好事，让职工共享企业改革发展的成果。该集团每年安排劳模、标兵外出度假，组织全员体检。该集团还十分关注在职和离退休困难员工的生活，及时有效地给予特困员工以救助，并设立了特困基金。

【训练】

1. 对比案例与此节正文内容，分析该新华印刷集团采用了哪些改革与发展措施。
2. 就本节内容，写一篇800字左右的学习心得。

第二节　印刷企业管理实务案例

【任务】通过综合案例分析，结合各章节知识，掌握印刷企业管理技能，了解印刷企业管理实务。

【分析】此节可安排学生自学完成。

【案例一】某知名印刷公司管理综合案例

该公司外景图

一、公司经营与发展状况

某印刷公司成立于2002年，地处北京经济技术开发区，由三家股东分别以30%、30%、40%的投资比例共同兴建，投资总额2.35亿元人民币，是我国加入WTO以后政府批准成立的规模最大、现代化程度最高的合资印刷企业。

公司于2001年7月举行奠基仪式，2002年7月厂房竣工，多数设备到厂，开始接单生产。2002年8月16日举行开业典礼，当年销售收入就达4000余万元，从厂房破土动工到投入运营仅用了一年时间。在企业始建前，公司经营团队就对北方，特别是北京的印刷市场进行了深入分析，认为北京的中低端印刷市场已经趋于饱和，而高端精品印刷市场开拓不足。因此，公司根据董事会确定的"采用国际上先进的印刷技术、设备及管理，根据市场的需求生产高质量的产品，获得各方满意的经济效益"的经营方针，确定了"市场定位于精品印刷为主的全方位服务，以北京为核心，面向中国北方地区以及欧美、日本、俄罗斯等国家的海外市场，以'先进的理念、先进的管理、先进的设备和先进的技术'为经营宗旨，坚持'以客为尊、以质取胜'的服务方向，实现公司'站在面向21世纪经济、科技发展全球化和振兴中国印刷业的高度，建设与首都地位相称的大型综合性、现代化的印刷企业'的发展目标"的经营战略。公司依托地处北京文化中心的有利条件，定位于北方精品印刷市场，业务涉足图书、杂志期刊、宣传单册、挂历、说明书、快速印刷、广告、纸艺等。

公司经营团队凭借丰富的企业管理经验，以及对市场的敏锐和超前的洞察能力，不断进行管理、技术、市场营销以及品牌创新，实现了公司的高速发展，树立了精品印刷的品牌形象，得到了北京市场的普遍认可，形成了书刊印刷的综合优势。截至目前，公司已印制各类书刊25000余种，其中绝大部分为精品书刊，包括以《解放军画报》《人民画报》《中国国家地理》《三联生活周刊》《汽车族》等为代表的高档杂志；以《毛泽东传》《邓小平画集》《薄一波》《王光英》《李鹏电力日记》《李瑞环：学哲学用哲学》《李铁映：论民主》等为代表的国家领导人选集、传记或纪念册；以《大爱无疆》（胡锦涛主席送礼用）《克里姆林宫》（普京办公室用）《中国印刷史》《中国壁画百年》《天外奇妍》等为代表的国家外交用书。其产品获得美国印制大奖、亚洲印刷大奖、香港印刷大奖、中华印刷大奖等国际、国内重要质量奖项上百个，是北京地区获奖最多的印刷企业之一。

开业以来，公司经营业绩每年以近20%的速度增长，销售额从1.5亿元、2亿元、2.5亿元、2.8亿元、3.05亿元、3.8亿元逐年增长，利税总额也以1500万元、2000万元、2500万元、3036万元、3500万元递增，从2004年开始股东投资回报率分别达到9%、10%、11%、12%、12%。营业六年已经给股东分红8000万元人民币，为国家纳税6000多万元人民币。分两期投入且于2007年7月到位的股东投资合计2.35亿元，而公司靠融资经营使资产总额达到4.7亿元，其中固定资产3.56亿元，比股东投资总额还多1.21亿元，实现了股东资产的保值增值。据中国印刷及设备器材工业协会统计公布的数据，公司几项经济技术指标在全国同类书刊印刷企业中皆名列前茅。2006年，胶印色令数、产品销售收入、利税排名分别为第一名、第四名和第七名；2007年，上述指标排名分别为第一名、第五名和第五名，而且在前几名中，该公司是成立时间最短的企业。

公司在成立后短短的六年时间中，以超越行业平均水平3倍的速度快速发展，在取得良好经济效益的同时，也取得了良好的社会效益，公司自开业以来已向国家上缴各种税款累计达6054万元。汶川大地震后通过国家新闻出版总署向灾区捐款25万元。每年接待上千人次参观访问。其中半数是国家政府、出版、印刷、文化代表团，公司已成为北京对外接待的重要文化窗口。六年来，公司获得各种社会荣誉数十个，包括：北京市印刷行业唯一一家"外商投资企业先进技术企业"、北京经济技术开发区唯一一家"北京市平安示范单位"、中华人民共和国商务部、文化部、广电总局、新闻出版总署等部委联会颁发的"文化出口示范单位"、中国城市协会评选的"中国诚信经营示范单位"以及北京市花园式企业、北京经济技术开发区消防先进单位等称号。

在为股东和社会创造价值的同时，员工的收入、福利待遇也不断提高，员工的平均收入2008年已比2003年翻一番，员工的工作环境、福利待遇年年改善，各种保障年年提高，并且为员工提供了良好的素质培训和发展机会。

六年来，《中国新闻出版报》、《中国包装报》、《中国印刷》、《印刷经理人》、慧聪网印刷频道、科印传媒等报刊、网络媒体发表了大量关于公司的消息，公司成为了印刷行业的旗舰，公司的品牌因此树立。

二、年度聚焦管理法

公司总经理开创性地提出了"提纲挈领、纲举目张"式的管理方法，即"年度聚焦管理法"，根据企业的个性化特征、内外部环境，特别是企业的阶段性特征，每年选择一个不同的管理主题作为切入点，以点带面，全面提升企业管理水平，提高企业快速应对市场变化的能力，从而实现企业的根本目标。从公司开业至今，先后提出了"质量年"、"成本年"、"精细管理年"、"技术提升年"、"素质提升年"、"奥运健康年"、"精品工程年"七个管理主题。

2003年是公司的第一个经营年，公司处于磨合期和启动期，面临的问题非常多，主要表现在新员工多，技术水平和服务意识跟不上，产品质量事故时有发生，成本费用升高，客户对公司的质量和服务提出质疑。因此公司决定从提高产品质量入手，将2003年定为公司的质量年。2004年，公司得益于质量年的成功实施，产品质量有了很大提高，赢得了客户的认可，业务量大幅度上升，但是面对印刷微利时代的压力，成本控制的重要性凸显出来，因此将这一年定为成本年，通过各种措施降低成本，提高赢利水平。2005年，企业经营基本步入正轨，但是一些管理工作略显粗放。所以定为精细管理年，并提出24字方针，即"精细管理、人人管理、有效管理、稳定质量、降低成本、提高效益"，强调从细节做起，完善管理。2006年，企业运作体系基本完善，高端竞争力和可持续发展问题成为企业面临的主要议题。公司决定将提高全员的技术水平作为突破口，建立企业的竞争优势，将这一年定为"技术提升年"。2007年，公司总经理在总结分析过去几年所取得的成绩和不足后，认为员工的素质问题已经成为公司进一步发展的瓶颈。员工素质是决定企业可持续发展的关键因素，产品质量最终取决于员工的素质，要提升产品质量、降低生产成本、提高生产效率、实现企业可持续发展，必须全面提升员工素质，因此将这一年定为素质提升年。2008年，在总结分析了过去五年的工作后，将该年的工作中心定为"全面整固、深化管理、健康发展"，结合国家提出的奥运年的中心，将该年定为公司的"奥运健康年"。其目的是"大力弘扬奥运精神，增强员工身心健康，促进公司持续发展"。

三、树立印刷行业品牌

公司自开业以来，就非常注重企业品牌的打造，在鲜有品牌企业的印刷行业内尝试实施品牌策略，并取得了良好的效果，形成了强大的品牌号召力。

1. 质量品牌

质量问题一直是公司常抓不懈的一大主题。2003年也就是公司成立后的第一个经营年就被确定为"质量年"，通过质量年活动做动员工作，如誓师大会、质量口号征集评选活动、质量知识培训和考试、质量知识游戏竞赛等活动。公司还建立个人质量工作考评档案，推行ISO 9001认证以及5S管理，建立质量管理和保证体系，每三个月举办一次质量问题实物展示分析会，开设总经理质量与成本信箱直接向员工征集提升质量和降低成本的建议，年终评选提升质量贡献奖等一系列活动。通过这些活动，将每个员工的积极性调动起来，形成人人关心产品质量，人人提高工作质量，人人参与质量管理，人人为提高质量作贡献的良好局面。公司通过了 ISO9001 和 ISO14001 双认证，并被评为"北京市印刷质量十佳单位"，"质量管理先进单位"等。其产品曾先后获"PIA Award"大奖、亚洲印刷大奖、香港印刷大奖、中华印刷大奖、北京印刷质量协会大奖、全国书籍装帧奖、三菱杯印刷质量大奖、美国金墨奖等国际国内重要质量奖项上百个。

质量年活动的成功开展，为公司的质量管理打下了扎实的基础，此后每年的管理年活动，质量管理都在不断巩固、深化，其过硬的产品质量赢得了客户的信赖，在业界树立了良好的质量品牌。

2. 服务品牌

公司将产品定位于精品书刊印刷，其客户大多为出版社、杂志社等，公司董事总经理在深入分析了公司的客户构成及特点后，提出了"用科学先进的经营理念和完善到位的服务赢得客户"的营销理念，并向市场营业部员工提出"我们就是出版社的出版部"，"我们就是客户的数字化办公室"，"我们就是印刷新材料、新工艺样品的陈列室"的要求，采取了一系列行之有效的措施锻造了其为人称道的服务品牌。

首先是印件的安全问题。公司有多项保密制度，其中之一就是严守印件的秘密，规定员工不准私拿公司一本书，不准从车间拿走一张纸，如果违反将无警告辞退。杜绝了因管理原因出现的盗版等问题，从而使客户无后顾之忧。

其次是产品的质量和交货期。公司制定了一系列严格的规章制度来确保产品质量和交货期。此外为了确保产品高质量、高效率地完成，公司营业与客服人员会协助客户进行装帧设计以及材料和工艺等的策划，邀请客户参与制作流程的排定等。对于重要印件，公司都要成立专门领导小组，由总经理亲自担任组长，并举行开机仪式，引起全体员工的高度重视，保证生产高质、高效地完成，增强客户满意度。

再次，公司十分注重环境建设，为客户提供非常好的在厂工作环境。

3. 管理品牌

公司在业界一向以科学管理的现代化企业形象出现，而其董事总经理作为业内著名的学者型经理，创造了自己独特的管理思路，并概括为十大部分：基础篇——素质决定论，速度篇——立即行动，方法篇——5%成败论，逻辑篇——寻找瓶颈，提升篇——个性化管理，微观篇——精细管理，进门篇——走进营销，实质篇——钱之舞，心态篇——登高望远，高飞篇——文化力量，曾发表过100多篇管理文章，已出版《立即行动——林桂管理文集》、《5%成败论——一位经理人对成功的感悟》两本管理文集，在印刷业内产生了很大影响，有评论文章、报道上百篇。

作为业界著名的管理品牌，其管理理念，管理文化已成为企业的无形资产，能够使企业快速有效地完成市场定位和市场培育，并且很好地与企业营销融合，在业内形成了一种独特的营销文化。

四、文化营销

公司奉行一种管理理念，认为文化对于企业来说是一种推动发展的力量，文化力量与科技力量是企业的两只翅膀，科技力量是最根本的基础力量，而文化力量可以使科技力量真正在发展中起到作用。公司十分重视文化在企业管理及市场营销中的积极作用，有意识地将企业文化融入到营销传播当中，并且运用客户对文化的认同和需求，通过文化氛围的塑造，来提升企业品牌、产品或服务的内涵与价值。

走进公司能够感受到非常浓重的文化氛围。公司的精品展示厅、接待室、贵宾厅、董事会议室、独立办公室都配有书架，都是精品书刊陈列室。除此之外，公司还利用较集中的空间，如接待区、开放式办公区、生活服务区（培训室、咖啡厅、食堂）、大堂和走廊区等，开辟成艺术廊，展示书画摄影作品、精品杂志封面、数字印刷作品等，并适时更换，形成了浓厚的文化氛围。

公司刚成立时，就通过"高档书刊的数字化印刷"、"从传统印刷技术向数字化印刷技术的转变"等讲座，以及春茗晚会、特种印刷工艺展示会等，让客户了解公司的市场定位、经营理念、技术实力和客户服务体系。在2006年举办的旨在"弘扬我国古老印刷文明，宣传光与电的现代化印刷技术，提高印刷在社会上的认知度"的中华印刷之光开放月活动中，通过举行中华印刷之光掠影展、书展、精品展、"一本书是如何诞生的"科普展等10项展览、10项培训和30余场讲座，接待各方人士3000余人，让社会各界充分了解了印刷的历史和现状，从而提升了印刷业的社会形象和公司的知名度，一些曾到公司参加开放月活动的出版社、杂志社以及其他的团体、公司等成了公司的客户，其中还包括很多国外的客户。2007年公司的5周年庆典，举行了"全面提升印刷企业员工素质高端论坛"，邀请印刷业内的专家学者、印刷企业高层管理者等嘉宾共同探讨如何提升印刷企业员工素质，从而推动印刷业持续发展的深层次话题。2008年8月，公司启动了"文化沙龙"，在企业内长期开展客户、合作伙伴、员工都能参与其中的各种各样的文化活动，如客户联谊会、新春文化联谊会等。

通过公司举行的一系列文化活动，不仅提升企业员工的综合素质，提升了企业的社会形象和影响力，更让社会各界特别是客户对其有了更加深入的了解，客户与公司在文化层面上取得共鸣，真正形成了一种互相尊重的朋友式的合作关系，而非传统意义上的客户关系。文化营销策略对公司经营的成功具有非常重要的推动作用。

五、交叉采购，招标采购

印刷企业的总成本中，物料要占35%以上，每降低1%的物料采购成本，几乎就等于增加1%的利润，要靠生产经营增加同额利润，就要增加10%或20%或更多的产值才行，因此降低采购成本对于微利时代的印刷企业而言具有十分重大的意义。

公司开业前半年就组建了物料采购部，并且成立了公司采购委员会，公司总经理兼任主席。公司采购委员会由公司领导高层、财务总监、物料部和财务部主管及外聘专家组成，作用是指导、监控、审核公司较大采购项目。物料部要定期向采购委员会成员公布采购项目的价格、生产厂家、使用情况和价格走势。委员会的最大目的是保障公司能用当时市场最低价格采购到符合质量要求的纸张、油墨等物品。采购委员会的成立，使物料采购工作成为了多部门联合监控的重要的工作。

公司采取的采购办法是交叉采购，招标采购。凡大的采购必招标，凡小的采购必货比三家，直至所确认的价格的确是低价后才拍板。采购价格随时公布，接受相关人员监督，靠大家的信息和智慧降低采购成本。

六、独特的员工管理方法

公司认为人的问题是企业最重要的问题，企业发展的关键是要建立一套完善的人员选拔、任用、培养、激励机制，这一点不因企业的体制、大小、所有制或地理位置而变化。公司不拘泥于一般的条条框框，结合企业的实际，从人的个性化特征入手，形成了非常独特的员工管理方法。

（1）量才适用。公司坚持用人的专业化以及量才适用，尽量使每个人都能在最适合的岗位工作。在工作过程中，如果员工发现岗位不适合，可以提出申请，公司考察属实后会予以调换。

（2）充分授权。公司有非常明确的岗位职责，职务确定后，其权利和责任也随之明确，在职权范围内公司予以充分授权，不轻易让他人取代这一职权，以实现对员工工作职权的最大尊重。

（3）针对性的绩效考核方法。公司根据不同部门、不同岗位的工作性质和特点制定了有针对性的考核内容，对应达到的要求、生产业绩和效果作了较为明确的规定，而且采用两级主管分权重考核的办法，既体现科学性，又体现公正性。根据考核结果，公司有相应的奖惩措施。对于考核处于末尾的5%的员工，公司人力资源部主管会安排人员与其谈话，共同分析原因，并酌情考虑换岗、查看、降职或者辞退。

（4）高度重视诚信教育。公司高度重视诚信问题，并将"廉洁忠诚"写进公司企业文化的十六字口号中。从每个员工入职第一天起，就在培训课程中讲述诚信，教育员工以诚信为荣，不诚信为耻，提高员工的道德修养，加强公司的道德建设。

（5）个性化管理。公司不提倡用一种制度、一种方法来管理所有的员工，而是根据每一个员工的不同个性、经历、问题，采用对症下药的办法管理，以增强员工的归属感，在公司发挥最大的工作和劳动效率。而且，公司坚持任人唯贤的原则，不论学历高低、不分男女老少。近年来公司部门经理很多是从年轻工作人员中培养并提拔到经理岗位甚至是助理总经理岗位。

【训练】

1. 说明该公司在经营方面采用了哪些策略。
2. 从企业责任方面说明该公司做了哪些方面的工作。
3. 说明管理目标的改变反映出企业怎样的发展变化。
4. 分析该公司的品牌效应将为公司带来哪些收益。
5. 说明案例中提到企业文化起到哪些方面的作用。
6. 结合物力资源管理内容说明采购的重要性。
7. 结合人力资源管理内容说明员工管理方法有哪些有益的作用。

【案例二】书刊印刷企业管理特征

书刊印刷企业的管理模式受书刊印刷品的影响很大。这三要是因为书刊印刷品是一种个性化产品，这种个性化表现为印刷品的开本尺寸、用纸、装帧设计、客户状况、印制时间等都是不一样的。而且印刷品的个性化导致诸如市场营销、客户服务、物料采购、工艺技术、生产调度、检验包装、运输配送等一系列问题的出现，这些问题也构成了印刷企业管理模式的复杂与多样。

一、书刊印刷品的产品特征

1. 定制加工特征

通常书刊印刷品，在产品尺寸、产品数量、生产时间、装帧设计、色彩要求、装订方式、特殊加工、客户性质、所用材料品种等诸多方面存在差异，这些差异决定了它的定制加工特性。企业根据产品的上述属性制订生产计划，包括材料准备、工艺安排、生产时间安排等。

2. 地域性和时效性

书刊印刷品具有强烈的地域性和时效性特征。因此印刷企业所处地理位置、当地交通状况、物流配送水平、周边配套经济状况等都成为影响客户选择的重要因素。而这一特征也决定了企业市场开拓的方向。

3. 多功能性

书刊印刷品是传播思想、文化、知识的物质载体，其文化传播特性是书刊的第一功能特性。除此之外，书刊印刷品特别是一些精装书籍还兼具装饰品、艺术品及礼品的功能特性，因此书刊印刷品具有多功能性。

4. 多档次性

书刊印刷品，种类非常多，有仅供阅读、消遣的期刊，有传播知识的教材、教辅材料，有具有收藏价值的精装书籍等。书刊的用途不同，其质量要求有很大差别，即书刊具有多档次性。

二、书刊印刷企业的客户特征

1. 客户服务

由于不同的客户在教育背景、工作经历、个人喜好、素质修养等方面存在差异，因此客户服务需区别对待。有的客户对印刷比较了解，沟通起来比较方便，通常生产时在达到国家或行业标准的基础上，根据客户的特殊要求进行必要的调整，并保证按时交货就可以了。而有的客户对印刷只是一知半解，对于印刷究竟能够再现什么样的质量没有概念，经常会提出一些超出国家或行业标准的要求，生产时难以实现或难度很高，这就需要客户服务人员加强与客户的沟通，真正实现协同生产。而有的客户由于自身资金紧张甚至是诚信缺失，对印刷质量与服务百般挑剔，以达到拖欠货款的目的，面对这样的客户，不仅服务难度增加，更影响企业正常的经营运作。

2. 经营风险

企业的运营过程实际上是资金的流动过程，良好的资金流动是企业正常运营的基础。特别是印刷企业，其成本的绝大部分来自于纸张、油墨、设备、厂房等，特别是纸张，而企业的营业收入则完全来自于客户的货款，只有客户按时回款，企业的资金链才不会断裂，否则企业将难以为继。现在印刷企业的客户群越来越复杂，相应地经营风险也大大提高，例如那些代理印刷的中间公司，或是承包杂志或其他出版物的出版、印制、发行全过程的机构，风险就比较大。

3. 诚信度

随着经济的发展，特别是印刷业供大于求现状的推动，印刷企业正面临客户的诚信危机，最突出的表现就是印刷企业的账款回收工作难度加大。有的客户，按约支付预付款后，待产品生产完成并设法令印刷企业发货后，就找各种理由推脱、甚至销声匿迹，有意赖掉尾款，这种客户多为一次性客户。还有的客户开始交款及时，但是等合作一段时间后，就开始延期、拖欠货款，直到企业无法承受。有的客户会寻找各种借口克扣或拒付货款。有的客户故意反复退回已经开出的发票，钻企业管理漏洞，拖延半年、一年不付账款。因此企业在同客户打交道时，必须充分了解客户状况，包括背景、经济状况、诚信度等，以防遭遇不良客户，给企业造成不可挽回的损失。

三、书刊印刷企业的环境特征

1. 国家政策

国家政策反映了政府对本行业或本企业的态度。一直以来，国家对印刷业是比较重视的，不仅制定了我国印刷业的整体发展目标，而且采取了有力的保障措施，对加快印刷业产业结构调整，提高行业整体技术水平及竞争力具有巨大的导向作用。

2. 宏观经济形势

宏观经济形势指国民经济的发展形势和发展趋势，印刷业受国民收入水平、社会购买力、税收、国际经济趋势等多个因素的影响和制约。一般地，当国民经济发展、人民收入增多时，社会购买力就会提高，对印刷品的需求量就会增长，不仅印刷品消费数量增多，而且对印刷品的质量要求也会提高。

3. 物料供应

纸张是印刷企业重要的原材料，离开纸张生产无法进行，但是印刷用纸非常复杂、种类繁多，有不同的克重、类型、幅面、质量等级、生产厂家等，而且生产用纸往往由客户指定，这就要求印刷企业实行动态的物料供应，深入分析市场变化、供求状况，保证企业用最低的价格投入维持生产的正常进行。

4. 同行业竞争

随着改革开放的深入，特别是我国加入WTO以及书刊印刷定点制度取消后，民营、外资印刷企业发展非常迅速，我国印刷业形成了国有、民营、外资共同发展的格局。印刷业的竞争变得十分复杂，既有同规模同档次企业间的竞争，也有不同性质不同体制企业间的竞争。

5. 人力资源状况

数字技术及网络技术在印刷工业的应用，大大改变了企业的生产方式，数字化、自动化成为发展的主流，传统印刷中被视为专业技能的工作由以经验管理为主逐步转向以数字管理为主。新一代的印刷从业人员不仅需要熟知某一项工作，还需要深入了解整个数字化工作流程。复合型、知识型人才成为印刷工业的主要需求对象。

四、书刊印刷企业的行业特征

根据国家统计局公布的行业分类标准，印刷业属于制造业的范畴，然而从印刷业的产品生产以及经营方式等方面来看，它还具有服务加工型企业、信息产业、高新技术产业、文化产业等行业的相应特征。

1. 定制加工型企业特征

印刷企业是生产印刷产品的经营实体，具有典型的制造业特征，印刷品即其产品。但是从印刷品的所有权来看，印刷企业并没有真正意义上属于自己的产品。印刷品的生产过程是客户需求的实现过程，整个生产过程实际上是由客户来主导的。在进入生产流程之前，印刷品的装帧设计、内容、幅面、印数、色彩要求、装订方式、表面整饰工艺、所需物料、生产时间等都已由客户规定，而印刷企业则负责实现客户的要求，将客户的要求实物化。印刷品印制完成后，超出客户规定数量的产品需销毁。印刷企业必须保证印刷产品的质量、数量以及交货时间。

2. 服务业特征

印刷企业除运用其设备、技术、管理来完成印刷品的印制工作外，还需进行相关的市场服务工作。印刷品是极具个性化的产品，具体到每一个客户和每一个订单，其要求各不相同。从营销角度来说，印刷企业所提供的已经不仅仅是印刷品的加工，其主要任务是满足不同客户的要求，面向不同的客户，提供差异化的优质服务。印刷企业与客户间的沟通越多，客户服务质量越好，产品的生产越顺畅，质量与成本越有保障。

3. 信息产业特征

信息产业指将信息转变为商品的行业，包括生产和分发信息及文化产品的行业、提供传递或分发这些产品以及数据或通信方法的行业以及处理数据的行业。传统的书刊、报刊也隶属于信息产业的范畴。而且随着科技的发展，印刷企业已不仅仅从事实体印刷品的印制，越来越多的电子文档通过网络传向世界各地，因此书刊印刷企业具有信息产业的特征。

4. 高新技术产业特征

近二十年，印刷工业经历了脱胎换骨的变化，在技术层面上，数字技术、网络技术、激光技术、计算机技术等在印刷业的应用已经普及，大量高科技含量的生产设备进入印刷企业，改变了传统印刷劳动密集型的生产方式，而自动化、数字化成为发展主流。印刷业已经成为高新技术产业。

5. 文化产业特征

书刊印刷品既是物质产品，又是精神产品，用以表达和积累人类的思想和知识，肩负着传承文化、满足社会文化生活需要的重任。而印刷企业作为书刊的主要生产者，隶属于文化产业。由于印刷品的这一特殊性质，印刷企业受国家多项法规的监管，比一般的生产型企业所受的管制更多、更严格。

五、书刊印刷企业的管理特征

1. 客户为主导

印刷品的生产过程实际上是企业与客户不断进行沟通、协调、直到达成共识的过程。在这个过程中，客户起主导作用，印刷企业负责保质保量地完成客户的要求。一般制造企业的业务流程是首先进行市场分析与调研，确定产品的市场需求状况，进而制订生产计划进行生产，产品生产完成后进行销售，即先有产品后有销售，当然也有例外，但总的来说，企业在没有确定具体的客户前，其产品已经确定。而印刷企业则是先有客户后有产品，每一个客户对应的产品内容不同、工艺不同，最终形式差别很大，客户确定前，生产无法实施。此外，生产过程中使用的工艺、材料等，印刷企业只负责推荐，最终的决定权在客户，一旦确定，企业无权更改。再者，由于有些印刷品的质量参数是难以量化的，特别是色彩，主观性特别强，因此生产时需要与客户进行及时的沟通，以确定质量是否符合要求，一切以客户要求为准绳。

2. 技术含量高

印刷品的色彩、尺寸、各种后加工工艺包括装订、烫金、UV、压凹凸等都有非常严格的质量要求，特别是随着经济的发展，精品印刷的需求量逐渐增多，后工序越来越多，对印刷品质量的要求也越来越严格，而且每一单印刷品的质量要求各有侧重、工艺复杂程度各不相同，不仅增加了生产难度，更提高了印刷品的技术含量。此外，由于科技力量在印刷企业的强力渗透，特别是数字化工作流程概念提出以后，表面上看生产越来越简单、自动化程度越来越高，实际上对印刷从业人员的综合素质要求更高了，印刷生产的技术含量也越来越高。

3. 时间紧、质量要求高

随着社会的进步，生活及生产节奏不断加快，出版社的选题、编辑、印前制作时间大大缩短，留给印刷企业的印制时间也越来越短，特别是杂志的出版，由于发行时间确定，而且大部分杂志的发行时间几乎一样，因此给印刷预留的时间非常短，只给三天印制时间的杂志屡见不鲜，而且进入印刷流程后仍有修改的情况时有发生，无形中增加了生产的难度。

4. 工艺繁杂

一单印刷品从印前接单开始直至发货出厂，经历的工序十分繁杂，特别是后工序，手工加工、特种工艺加工的部分越来越多，每道工序的质量控制要点各不相同，对工作人员的技能有很高要求。为了保证生产的顺利进行，各工序间必须做到无缝衔接，这就要求企业管理人员把握好全局的生产工作，每道工序，每个细节都要严格要求，并从流程的角度将繁杂的生产工艺统一起来，达到整齐划一，减少产品在每道工序的滞留时间，提高生产效率。

5. 个性化生产

印刷品是定制加工型产品，具有突出的个性化特征。一方面，生产受客户意愿支配。印刷品的主观性很强，其质量除需达到质量标准外，还须满足客户的主观意愿。因此客户需同印刷企业协同生产，共同拟定印刷品的工艺要求。另一方面，印刷品的个性化特征导致生产流程的不确定性。印刷生产工序非常多，特别是印后工序，而每一单印刷品的设计、装帧又有所不同，生产时就需要为每一订单分别制定工艺流程，而且由于各种印刷材料的适性不同，还须考虑工序的顺序问题。此外，印刷产品无法像汽车等工业产品生产线一样被传送，而印刷品的印制时间短、工序多、时效性强，企业接到订单后，如果没有专门人监控其生产进度，很容易出现问题，因此企业必须采取有效措施对其实施监控，像某印刷公司的"人单同行"管理就是一种非常好的监控方法。

六、书刊印刷品的定制加工特征

印刷品的定制加工特性决定印刷品生产过程的复杂性。

1. 材料准备

材料准备问题，主要是纸张的准备。印刷纸张种类繁多，常见的有铜版纸、胶版纸、亚光纸、新闻纸、书写纸、白卡纸、白板纸等，而每种类型的纸张又有不同的生产厂家、产品等级、纸张幅面、克重、价格等。而且随着印刷品多样化及个性化需求的增强，特种纸的需求量大增，种类越来越多，印刷企业的物料准备及管理相当复杂。一般地，书刊印刷企业的纸张来源有两种，一种是客户自带纸，一种是厂家自购纸。客户自带纸省去了企业采购纸张的麻烦，特别是一些特种纸，能够节省不少生产准备时间。但是，部分客户由于对纸张印刷适性不了解，提供的纸张在丝缕方向、湿度、印刷适性等方面存在问题，导致生产不畅甚至出现质量事故，直接导致纸张加放量增加。因此，当客户自带纸时，企业应对材料进行必要的检验，并将检验结果及时告知客户，以保证生产的顺利进行，避免不必要的纠纷。而厂家自购纸则对企业的物料管理水平有很高的要求。通常企业会储备一定量的常用纸张，但是由于纸价较高，而且一直在动态变化，因此库存量不能过大，需时刻根据市场变化及生产需求预期进行调整。由于纸张种类繁多，企业不可能储备所有种类的纸张，因此需要与上游供应商建立良好的合作关系，结成供应链联盟，以保证生产的顺利进行。

2. 工艺安排

印刷品的生产与一般产品生产的最大不同在于工艺的不确定性，主要体现在印前及印后工艺。印刷品的生产必经印前、印刷、印后三个阶段。印刷工序虽然技术含量高，但是每一单印刷品都必须经过该工序，只是平张及轮转设备的选择问题。而印前则是由设计制作、电分扫描、打样、制版等几个工序组成的，由于接收的原稿以及客户指定的印版类型不同，所采用的工序也有所差别。有的客户提供制作好的电子稿，印前只需进行打样及制版即可，而有的客户提供的是照片、反转片、印刷品等实物稿，印前就需要经过电分、扫描、调图等过程将实物稿转换为电子稿，然后进行排版、打样、制版；有的客户希望采用CTP制版，而有的客户则偏好传统制版，因此印前阶段需考虑现有的设备状况及客户的需求来安排所需工艺。至于印后工艺，其不确定性是最大的。技术发展到今天，印后已经有数十种表面整饰及后加工工艺，根据客户的规定，印刷品的后加工工艺少则十几种，多则数十种，每种印刷品所需的印后工序都不同，而且每种工艺的先后顺序对产品的最终质量影响很大，因此印后工序的工艺安排非常复杂，需综合考虑多种因素合理安排。

3. 生产时间安排

企业每天面对的是少则十几个，多则数十个的订单，每单印刷品的交货时间都是确定的，但每个订单所需的工序又有很大差别，由于企业的生产设备是有限的，因此合理安排生产计划、保证每单印刷品的交货时间特别重要。实际生产中，可变因素太多，有的产品马上就要印刷了，客户又提出改稿，有的产品客户约定的交稿时间推迟了，但是交货时间却不能推迟，类似的情况还有很多，因此企业必须动态地制订生产计划，方能应对复杂多变的生产实际情况。

【训练】

结合此案例和所学知识，写一篇不少于3000字的学习总结报告。

参考文献

[1] 刘晓欢. 企业管理概论. 北京：高等教育出版社，2005.
[2] 龚应荣. 印刷企业的经营与管理. 北京：印刷工业出版社，2007.
[3] 王关义，李治堂，刘益. 现代印刷企业管理. 北京：经济管理出版社，2005.
[4] 蔡吉飞. 印刷生产与管理工作手册. 北京：印刷工业出版社，2007.
[5] 郑兰英. 中国印刷企业的发展战略. 北京：对外经济贸易大学，2007.
[6] 夏昌祥. 现代企业管理. 重庆：重庆大学出版社，2002.
[7] 夏自由. 报纸印刷生产计划与调度研究. 武汉：武汉大学，2005.